名人小时候的故事

寻找科学的真相

李树芬　谭海芳 / 主编

中国少年儿童新闻出版总社
中国少年儿童出版社
北京

图书在版编目（CIP）数据

寻找科学的真相 / 李树芬，谭海芳主编. -- 北京：中国少年儿童出版社，2025.1.--（名人小时候的故事）.-- ISBN 978-7-5148-9250-5

Ⅰ.K811-49

中国国家版本馆 CIP 数据核字第 202456LT01 号

XUNZHAO KEXUE DE ZHENXIANG
（名人小时候的故事）

出版发行：	中国少年儿童新闻出版总社 中国少年儿童出版社

执行出版人：马兴民
责任出版人：缪　维

策划编辑：白雪静	主　编：李树芬　谭海芳
责任编辑：白雪静　王天晗	绘：郝文广
版式设计：王点点	责任印务：厉　静
责任校对：夏明媛	

社　址：北京市朝阳区建国门外大街丙 12 号	邮政编码：100022
编辑部：010-57526379	总编室：010-57526070
发行部：010-57526608	官方网址：www.ccppg.cn

印　刷：河北赛文印刷有限公司

开本：720mm×1000mm　　1/16	印张：10.25
版次：2025 年 1 月第 1 版	印次：2025 年 1 月第 1 次印刷
字数：100 千字	印数：1—5000 册
ISBN 978-7-5148-9250-5	定价：39.80 元

图书出版质量投诉电话：010-57526069　电子邮箱：cbzlts@ccppg.com.cn

目录 CONTENTS

名人小时候的故事

谁说女孩没有用——缇萦	1
"写尽八缸水"终成才——柳公权	7
爱说实话的"神童"——晏殊	12
刻苦和诚实——司马光	18
我也要去航海——郑和	23
读破万卷书——顾炎武	29
小牧童见财不贪——胡雪岩	36
放牛娃智摆水牛阵——叶挺	42
到海的那头去——哥伦布	49
找出科学的真相——哥白尼	56
环球旅行家——麦哲伦	62
关于诚实的故事——华盛顿	68
严父慈母的教育——歌德	75

诗歌的神奇魔力——雨果	81
用生命做实验的勇敢少年——焦耳	87
成功的缔造者——亚历山德丽娜·维多利亚	93
小小冒险家——凡尔纳	100
以爸爸为榜样——福泽谕吉	106
老实的"独行侠"——甘地	112
为爸爸打工——希尔顿	119
"穷"养的男子汉——艾森豪威尔	125
长大了一定要当兵——戴高乐	132
无所畏惧的小硬汉——海明威	139
绝不向命运低头——奥斯特洛夫斯基	146
用勇气和真诚征服别人——希拉里·克林顿	153

谁说女孩没有用 ——缇萦

中国人

医生

出生地：齐国临淄（今山东省临淄市）

生活年代：生卒年不详（西汉）

主要成就：不远千里为父亲申冤求情，不但使父亲免受肉刑，而且也使当时的皇帝（汉文帝）深受感动，废除了残酷的肉刑

优点提炼：聪明，孝顺，勇敢

我叫淳于缇萦。"淳于"是个复姓，大家一般就叫我缇萦。我的父亲叫淳于意，曾经是太仓县主管粮食的官员，也是名医公乘阳庆的学生。

父亲在名医那里学了三年之后，医术已经非常高明。每次他给人看病，几乎都能做到药到病除。甚至，他还能看出人的身体中隐藏着的病症。因此，父亲的名气越来越大。他因为不愿意和做官的人来往，更不喜欢拍上司的马屁，所以没过多久就辞了官职，专心去做医生了。

很多人慕名而来找父亲看病，但是因为病人太多，他经常忙不过来。而且他还要经常外出给人治病，不在家中，所以很多上门来找他看病的人只能失望而归。

这样的事情一多，加上时间一长，那些被拒绝过的人就开始抱怨父亲。大家认为父亲是名医，一定什么病都能治好。哪怕有的病人得的是绝症，只要没救治过来，就都算成是父亲的错。这样的抱怨越来越多，终于出了大事。

这一次，一个大商人的妻子生病了，请父亲给她治病。可是商人妻子的病情太严重，吃了药没几天就去世了。大商人不依不饶地跑到衙门告状，说父亲仗着自己是名医，根本没有尽力医治，导致他的妻子失去了生命。

父亲一向为人耿直，官场上也没有为他分辩的朋友。于是地方长官便直接判处父亲有罪。按照当时国家的法律，父亲受到的处罚会很重，要不在脸上刻字，要不就割掉鼻子或者砍掉一只脚。因为父亲做过官，对他的处罚要更加慎重，所以需要把他押送到都城长安去执行。

父亲没有儿子，只有五个女儿，我是他最小的女儿。父亲要被押送到都城去接受刑罚的消息传来时，我们几个孩子抱在一起痛哭。

父亲看着我们，叹着气说："生女儿真是比不上生儿子！遇到困难的时候，女儿没有一个能帮得上忙。"听到父亲无奈的哀叹，看着姐姐们伤心哭泣的脸庞，我又是伤心又是气愤。难道女儿就没有用吗？我就不能帮助父亲吗？

想到这里，我一咬牙，决定跟着父亲一起去长安。这样一来，我不仅可以在路上照顾父亲，到了都城，说不定还能找机会救他。

得知我的想法之后，父亲反而心疼起我来，劝我留在家中。押送父亲的官差也不愿意带上我，认为我是个麻烦。可是我已经下定决心要跟着父亲去，于是又吵又闹，终于让官差同意带我上路了。

我们的家乡临淄距离都城长安有两千多里路。一路上，我无微不至地照顾着父亲。路途中的环境十分艰苦，没钱的时候，我们就吃草根、喝露水，晚上经常要睡在冰冷的野外。我跟着父亲咬牙坚持下来了，好不容易到了长安。

父亲被关进牢里，马上就要接受刑罚了。正当我因为想不出办法救父亲而急得团团转的时候，却在集市上听到大家说，现在的皇上很贤明，会采纳百姓的意见来治理国家。我想起父亲说的那番话，心里想着，虽然我只是个女孩子，但是在困难的时刻也必须尽自己的一份力来营救家人。

于是，我鼓起勇气给皇帝写了一封信，信里说：我叫缇萦，是曾经太仓县管粮食的小官淳于意的小女儿。父亲做官的时候，大家都说

他是个清官。他现在触犯了法律，就要被执行残酷的刑罚了。可是一个人如果被砍去了脚，就变成了残废；被割去了鼻子，就不能再安上去……受过这种重刑的人，以后就是想改过自新也没有办法了。如果您能够赦免我的父亲，我愿意做官府的奴婢为父亲赎罪。希望皇帝开开恩。

信写好之后，我怀着忐忑的心情去找宫门口的守卫，希望他们帮我送信。可是这些人都是铁石心肠，没人愿意搭理我。我就跪在地上哭，整整哭了一天，终于有一个年岁稍长的守卫实在看不下去了，答应为我送信。

守卫小心翼翼地把这封信呈送给了皇帝，生怕给自己带来灾祸。

没想到皇帝看了我的信之后，一点儿都没有责怪的意思。他十分同情父亲的遭遇，也被我的一片孝心所感动。

皇帝把大臣们召集起来，对他们说："犯了罪的人确实应该受到惩罚，这是毫无疑问的，没有规矩不成方圆嘛。但是即使受了刑罚，也应该让犯人有机会改过自新。现在的法律规定，惩罚一个犯人就要在他的脸上刺字，或者伤害他的身体。这样的刑罚实在是太残酷了，哪里还有机会让人重新做人呢？"

皇帝要人家商讨出一个好的法子代替这种残酷刑罚。大臣们想来想去，商量出了一个方法——把伤害身体的残酷刑罚变成打板子。以前判决要砍去脚的就改为打五十下板子；以前判决要割掉鼻子的就改为打三十下板子。

大家都同意这样的方法。于是皇帝正式下命令，让全国废除这种伤害肉体的残酷刑罚。父亲也因此而被赦免了酷刑。听到这个消息时，我简直人高兴了。我终于凭自己的力量救了我的父亲。

延伸阅读

复姓的由来

在"缇萦救父"这个故事中,小女孩的姓氏是个复姓——"淳于"。像这样的复姓还有很多,比如我们常见的"东郭""西门""诸葛""上官"等。

这些复姓其实和单姓一样,在很早以前就已经产生了。但它们的来源却是五花八门。有的是中华民族古老的双音节词,比如"欧阳""公孙""东方"等复姓;有的是少数民族特有的姓氏,比如"慕容""单于""纳兰""完颜"等,后来在民族融合的过程中,逐渐成为中华民族的一部分。还有一种姓氏,是由两个单姓组合而成的,比如"胡杨""常夏""高陈"等。

近年来,流行父母把自己的姓氏都用在给孩子取名上。如果我们同学的姓名中,有人同时拥有父母双方的姓氏,也就不足为奇了。

谁说女子不如男!

"写尽八缸水"终成才
——柳公权

出生地：京兆华原（今陕西省铜川市）

书法家、太子少师

中国人

生活年代：778年—865年（唐）

主要成就：唐代著名书法家，楷书四大家之一，开创了柳体；代表作品有《金刚经碑》《玄秘塔碑》《神策军纪圣德碑》

优点提炼：听取忠言，努力上进

我叫柳公权，大家熟悉的"柳体"字就是我开创的。你们可别以为我从小就会写一手漂亮的毛笔字，其实不然。我小时候写的字横不平、竖不直，歪歪斜斜的，为此我还经常受到父亲的训斥。

好强的我为了挣回面子，开始勤学苦练。别的小孩儿在外玩耍时，我却待在书房里不断地练习捺、提等汉字的基本笔画,揣摩书写的要义。练了一段时间后,我写的字终于有了起色,得到了老师和家人的夸奖。于是,我练字的劲头更足了。

有一次,我和小伙伴们在村头的大树下玩。刚开始我们一起捉迷藏、背古诗,渐觉无趣后,我提议大家玩一个新游戏——写字比赛。小伙伴们纷纷同意。大家挽起了衣袖,以水当墨,以树枝为笔,在地上开始写写画画起来。

既然是比赛,当然就得分出胜负来。我们正发愁找不到评委时,一个挑着担子卖豆腐脑儿的老汉来到了树下。

我跑过去问道:"爷爷,我们在进行写字比赛,您可以帮忙评判一下谁写得最好吗?"

老爷爷笑呵呵地回答道:"没问题。"

我满怀信心地指着自己写的字说:"爷爷,那是我写的,您快看看!"

老爷爷顺着我手指的方向看过去,却皱起了眉头。只见他沉思了一会儿之后,摸着胡须说:"你这字吧,写得还算工整。但是没筋没骨,有形无体,就像我卖的豆腐脑儿一样……"

听到这话,其他小伙伴纷纷停下手中的"笔",凑过来听个究竟。

"您再仔细看看!老师都夸我写得很好呢。您是不是看错了?"我有些懊恼地说。

"孩子，虽然我自己不会写字，但是我走街串巷，见多识广。我曾经在京城里还看到过有人用脚写字呢，那些字比你现在写的要好几倍！"

听老爷爷这么一说，我气不打一处来。说我写得不好就算了，竟然说我用手写的还不如别人用脚写的。老爷爷的评判肯定不专业！我再也没心思比赛了，气呼呼地跑回了家。

后来，我随父亲来到了京城，发现京城果然和乡下不一样。这里旌旗飘扬，匾额字画随处可见。我看来看去，觉得这些字都比我写得好。

有一次，我看到人们聚集在一起好像在看什么，于是也挤进去看热闹。原来是一个没有手臂的中年人端坐在地上，正用脚趾夹着一支笔写字呢！只见他脚起笔落，运笔如神。他每写完一个字，周围的人就发出一阵喝彩。很快，一幅干净、整洁的书法作品便呈现在大家眼前了。

我走近看了看，这些字似群马奔腾，潇洒而劲健。想起那位卖豆腐脑儿的老爷爷说过的话，再看看面前的这些字，我惭愧到了极点。突然，我脑海里涌出了一个大胆的念头：我要拜面前这个人为师，向他学写字！

主意一定，我扑通一声跪倒在中年人面前，低头请求道："我看了您用脚写的字，比我用手写的好十倍。请问您可以收我为徒吗？"

中年人停下写字，看着我说："我生来没手，不能干活儿。用脚写字只是为了讨生活。虽能写几个歪字，但我也不配做你的老师呀！"

"就凭您刚刚写的这些字,您就可以做我的老师了。您就教教我吧!"我一再央求。

"我写字没有什么诀窍。不如我送你一幅字,你回去好好思考、好好练习!"他酝酿了一阵,挥笔写下了这几个字:"写尽八缸水,砚染涝池黑;博取百家长,始得龙凤飞。"

我把这些字牢牢地记在心里,向他道谢后,捧着这幅字回家了。

之后,我更加勤学苦练起来。每当看到飞雁游鱼、跑鹿奔马,我便从中体会字的结构和劲道。在家人的安排下,我又拜过好几个老师,并且博览群书,仔细琢磨前辈们的字迹,提炼出对自己有用的信息。多年之后,我最终独创出了属于自己风格的字体——"柳体"。

延伸阅读

心正笔正

柳公权不但是一位有名的大书法家,还是一个为人耿直、敢于直言的人。

有一年,他到京城办事。皇帝知道后特地将他找去,对他说:"我曾经在庙里看见过你写的字,非常喜欢,早就想见一见你了!"

皇帝先给他封了官,然后又向他请教用笔的方法。

柳公权不卑不亢地答道:"心里正直笔才会拿得正,才可以叫作书法。"

皇帝一听马上变了脸色,知道柳公权是用笔法来规劝自己。在古时,一句话没说好,惹得皇帝生气,就会被杀头的。而柳公权敢这样说,真是大无畏啊!

爱说实话的"神童"
——晏殊

中国人

政治家、词人

出生地：江西抚州临川（今江西省进贤县）

生活年代：991年—1055年（北宋）

主要成就：北宋婉约词宗师，代表作有《浣溪沙》《蝶恋花》等

优点提炼：诚实

我叫晏殊，出生在一个官宦家庭。我的家族在当时赫赫有名，大部分直系亲属都身居高位，仕途顺利。因为有着显赫的家世，我一直享受着当时最好的教育。但我不像那些纨绔子弟一样，整天无所事事、

不学无术，我天生就是一个爱读书的人。

由于勤奋好学，我五岁的时候就开始写诗，也因此被人们冠上"神童"的称号。可我知道世上并没有所谓的"神童"，而是一分努力换取一分收获。我能写诗，不过是因为我比别人学得早、学得快而已。

我除了在书中学习知识，还从生活中学到了很多做人的道理。比如，做人一定要做个诚实的人，这一点一直深入我心。我在做什么事情时，都想着把它作为我行动的第一要义。

十四岁那年，有人把我当"神童"举荐给皇上。皇上召见了我，还让我与一千多名进士同时参加考试。对于这种考试，我完全没有心理压力。首先，我年龄还小嘛，考得上当然最好；如果考不上的话，以后也多的是考试的机会。

可是，当我看到考题的时候，眼睛一下就亮了。原来，这个题目我在十多天前就当练习题做过了。

这可真是"天赐良机"！对于这样的好事，也许大家都会求之不得。但我想了想，如果用这道题跟其他进士比的话，我就占了很大的便宜，这对其他考生很不公平。

想到这一点，我犹如芒刺在背，心里似乎也有个声音向我抗议：如果你瞒着这件事情不上报，就算在皇上那里骗取了功名，以后也不能安心吧？

于是，为了求得内心的安宁，我把自己不久前练习过这道题的情

况向皇上禀明了，请求他改换考题。

皇上因为我的诚实对我十分赞赏，赐给我"同进士出身"。当然，我并不是为了获得荣誉而去讲诚信，但是诚信也能给人带来好运。我在以后的生活中也一直要求自己讲诚信。

后来，我小小年纪就进入朝廷当职，和其他大臣一起为皇上出谋划策。但是，当时天下太平，朝廷上事情不多，官员们经常去郊外或者在城内的酒楼、茶馆内举行宴会。看着同僚们天天在外过得逍遥自在，我心生羡慕。但是，因为我父亲英年早逝，家道渐渐衰落，我没钱和别的官员一样出去逍遥玩乐，只得在家里陪着兄弟们一起读书写文章。

没过多久，皇上听说我每天在家认真读书，就提拔我辅佐太子读书。这可是个好差事，其他官员都有些眼红。他们不懂皇上为什么会突然提拔我，之前也没看我作出过什么突出的贡献呀。

为了解开大臣们的疑惑，皇上告诉大家："据我所知，最近你们都在游玩宴饮，奢侈享乐，只有晏殊在家闭门苦读。你们自己说说，如此自重自律的人，难道不是辅佐太子读书最合适的人选吗？"

面对皇上的解释，群臣都沉默不语，没有异议。但是真正在家苦读的原因，当然只有我自己最清楚。我并不是不愿意像大家一样出去游玩，而是因为经济窘迫，囊中羞涩，条件不允许啊！皇上把我想得这么高尚，我还真是愧对他老人家的赏识。

于是，我鼓起勇气对皇上说："谢皇上！不过，我也是个喜欢游玩宴饮的人，只不过因为经济条件有限。如果我有钱的话，估计也会跟大臣们一起出去玩了。"

听了我的一席话，皇上却哈哈大笑起来，笑得让我有些摸不着头脑。皇上最后竖着大拇指称赞我："你呀你，还真是个诚实的人啊！"

经过这两件事，皇上对我更加信任了，以致后来我甚至位居宰相。没想到，诚实的品质还给我的仕途带来了意想不到的好运啊！

唯贤是举的晏殊

晏殊是北宋婉约词的宗师,有"宰相词人"之称。作为一名文人,他在文学领域中有着很深的造诣,给后人留下了一笔宝贵的财富。同时,晏殊在朝为官五十多年,而且身居要职,却一点儿都没有官架子,反而十分平易近人。

他还很善于举荐人才，只要发现有才能的人，就会向朝廷推荐。大名鼎鼎的范仲淹、孔道辅、王安石等人都是出自晏殊门下；韩琦、富弼、欧阳修等人也都经过晏殊的精心栽培和引荐，最终在朝廷得到重用。其中富弼还是晏殊的女婿，但晏殊并没有因为这层特殊关系就回避举荐。他相信富弼的才能足以担当重任，更不怕别人说自己举贤不避亲。富弼也没有辜负晏殊的期望，为老百姓做了很多实事，后来跟岳父一样也做到了宰相。

刻苦和诚实
——司马光

中国人

出生地：光州光山县（今河南省光山县）

生活年代：1019年—1086年（北宋）

主要成就：北宋名相；主持编纂了中国历史上第一部编年体通史《资治通鉴》

优点提炼：为人温良谦恭，刚正不阿，做事用功刻苦，勤奋

政治家、史学家、文学家

我叫司马光，复姓"司马"，单名一个"光"字。之所以取这个名字，是因为我出生那年，父亲在光州光山县担任县令。虽然父亲只是个小小的县令，但我也可以算得上是当时的"官二代"，比一般百姓的家境要好很多。

我从小就对读书非常痴迷，一拿起书就舍不得放下，甚至到了不知道饥渴、分不清冷热的程度。到七岁时，我就能熟练地背诵《左传》了，还能把二百多年的历史梗概讲得清清楚楚。

也正因为如此，父亲对我更是宠爱有加。每次出游或与同僚聚会，都会带上我。耳濡目染之下，不论在学识上，还是在见识上，我都超出同龄人很多。但我也有着同龄小孩儿的通病——贪睡，为此没少受老师的责罚和同学们的嘲笑。

我决定改掉这个坏毛病。于是，我在睡前喝了满满一肚子水，心想喝了这么多水，第二天早上肯定会被尿憋醒。可是，事与愿违，我并没被尿憋醒，而是尿床了。这可真是丢人啊！看来我得另外想法子治贪睡了。

后来，我果然想出了个好办法：用圆木做了一个枕头来睡觉。圆圆的木头放在硬邦邦的木床上，很容易滚动。有时一翻身，木枕就会滚走，这样头落在床板上，我也就惊醒了。自从有了这个"神器"，我每天都能早早地起床读书了。我给它起了一个神气的名字——警枕！

自从有了警枕，我就再也不用担心会贪睡了。可是，旧问题解决了，新问题又蹦了出来。有一天，我意识到自己的记忆力跟哥哥、弟弟们比起来要差一些。我们在一起上学时，老师讲完书，哥哥、弟弟们读上一会儿就能大体背出来，而我却总比他们愚钝一些，只记得一些碎片，结结巴巴背了半天也背不齐全。好强的我可不允许这种事情发生。

既然大家的记性比我好,那我就比大家多花一些时间吧。

于是,当哥哥、弟弟们一个个都背完书,去院子里玩耍时,我就关上门窗,认真地大声朗读,直到读得滚瓜烂熟,能一字不漏地背出来才罢休。

我严格要求自己,不仅在学习上不落人后,在品德上也力争做一个诚信的人。这些都跟父亲对我的教育密不可分。

在我五六岁的时候,有一次,我想要给青核桃去皮,但是核桃皮实在是太坚硬,我怎么弄都去不掉。站在一旁的姐姐很想帮我。她试了试,也没成功,就先离开了。我正想放弃时,一位婢女端着一盆热水过来了。她把核桃放在热水里泡了泡,轻易地就把核桃皮去掉了。

姐姐回来后,看到核桃皮已经成功去除了,就好奇地问道:"谁帮你去的皮啊？"

我头脑一热，想向姐姐炫耀一下自己的本事，于是撒谎道："是我自己做的！"

姐姐信以为真，对我非常佩服。我正得意于姐姐的夸奖时，父亲过来了。他知道核桃皮是婢女去掉的，却见我在这里胡乱吹牛，于是就教训我说："你怎么可以说谎，把别人的功劳占为己有呢？"

看到谎话被父亲揭穿，我感觉羞愧极了。姐姐对我的态度也发生了一百八十度的大转弯，让我更加窘迫。我想，这都是因为撒谎造成的啊！从那以后，我再也不敢说谎了。

后来，我们家出了一点儿经济问题，需要卖掉一匹马来换钱。这匹马有肺病，一到夏季就发病，但没事的时候看起来毛色纯正、性情温顺，完全是一匹好马。我嘱咐管家："如果有人愿意买这匹马，你一定要老老实实地告诉他这匹马的病情。"

管家笑了笑，不以为然地说："哪有像你这么做生意的人啊？别人都巴不得把毛病掩藏起来呢！"

我严肃地说："卖马事小，但如果毁了自己的信誉就是大事了。"

管家若有所思地点了点头，牵着马去市场上卖了。虽然这匹马最终没能卖出个好价钱，但我感觉心里很踏实。

延伸阅读

我还是我,并没改变

司马光天性淡泊,一直低调行事,就算是在自己家中,也低调得有些"匪夷所思"。他家中有位老用人,从司马光还是秀才时就开始服侍他。几十年后,当年的秀才司马光早已成为宰相,老用人却还一直称呼他为"君实秀才"。

这是为什么呢?原来,司马光虽然当上了当朝宰相,却也没有让自己的家仆们知道。

一天,苏轼去司马光的府邸拜访,听到老用人称呼司马光为"君实秀才"时,不禁觉得好笑,当场说笑道:"你家主人早已经是当朝宰相了,大家都称他为'君实相公'!"

老用人大吃一惊。从此以后,他都毕恭毕敬地称呼司马光为"君实相公",并高兴地说:"幸得苏大学士教导我……"

司马光无奈地叹气道:"我家这个老仆,活活被子瞻教坏了!"

我也要去航海
——郑和

中国人

航海家、外交家

出生地：云南昆阳州（今云南省昆明市晋宁区）

生活年代：约1371年—约1433年（明）

主要成就：率领当时世界上最庞大的船队七次出海远航，到过三十多个国家和地区，最远曾到达非洲东岸，比哥伦布发现美洲新大陆早八十七年

优点提炼：有理想，勇于冒险，敢于探索

从我刚记事起，就听人们管我爸爸叫"哈只"。我不知道"哈只"是什么意思，但看得出，大家对爸爸非常尊重。爸爸也很愿意人们这么称呼他。

等我稍微大一点儿，好奇心更重了，追着爸爸问"哈只"是什么

意思。爸爸说，我们马氏家族是从遥远的北方迁到云南的，世世代代信奉伊斯兰教。伊斯兰教的圣地在麦加（今沙特阿拉伯境内）。如果哪个教徒到麦加去朝圣过，并按规定完成朝觐功课，是一件非常荣耀的事，会受到其他教徒的崇拜，被尊称为"哈只"，意思是"巡礼人"或"朝觐者"。

"父亲，人们叫你哈只，是不是你也到麦加去朝圣过呀？"我疑惑地问。

"哈哈哈，"爸爸摸着下巴上的长胡子，自豪地大笑起来，"是啊，我当然去过麦加。不光我去过，你的爷爷也去过呢！"

"麦加在哪里？远吗？好玩儿吗？"我心里的问号一串接着一串地往外冒。

"麦加在西方，离这里好远好远，走路去不了，只能航海坐船才能到。我和你爷爷去的时候，乘坐的是商船。那些商船看起来很大，可到了大洋里，就跟一片小树叶一样……"

"啊，大洋这么大呀！比滇池还大吗？"我吃惊地张大了嘴巴。

"傻孩子，滇池和大洋比起来，就像是大洋里的一滴水。"爸爸见我没吱声，接着说道，"大洋上的风景非常漂亮。海水是蓝的，天也是蓝的，海鸟在天上飞，大鱼在水里游，一眼望去，海面和天空连在一起。可是，大洋也有发怒的时候，如果遇到狂风恶浪，一不小心就会船毁人亡，吓人得很哪！"

听了爸爸的描述,我开始向往大洋了,坚定地说:"父亲,我长大以后也要去航海,也要去麦加朝圣,做一个哈只。"

"好孩子,有志气。"爸爸摸着我的头高兴地说。接着,爸爸的脸色又沉了下来,忧心忡忡地说,"航海,光有勇气是不够的。你还要锻炼好身体,学好保护自己和航海的本领。另外,还要有适合远洋航行的大船,只有大船才能抗住风浪。如果有一支船队那就更好了。"

"我要造大船,将来率领船队去麦加朝圣。"

从那以后,我对造船和航海产生了浓厚的兴趣。我在滇池里学游泳,成了一名游泳高手。我把家里的木盆放到滇池里,坐在里面学划船,掌握了划船的技巧。我还经常乘坐渔民伯伯的船到滇池里去打鱼,学会了驭帆驾船……

但是,我不满足于这些。我渴望自己能造船,造一支船队。如果自己能驾着一条船去远航,该多好啊!可是我太小,不能造船,也驾驶不了大船,怎么办呢?那就先做些小船来演习演习吧。

我用纸叠了许多小船,然后把小船放在水面上。小纸船在水面上摇摇晃晃。一阵微风吹来,小纸船慢慢地漂走了,越漂越远,直到看不见为止。没过多长时间,我就对叠纸船失去了兴趣。叠纸船只是小孩儿玩的游戏,怎么能跟真船相比呢?

我问爸爸,哪里能造真船?爸爸说,村里有一位叔叔,在造船厂做工,可以去问他。我来到那位造船的叔叔家里,请教了许多关于造船的知识。最后，我央求那位叔叔收我当徒弟，学习造船技术。那位叔叔见我挺可爱，就答应教我。从那以后，我经常跟着师傅到造船厂去，看他们怎么造船，围着师傅问这问那。经过一段时间，我学会了造船的方法，决心自己动手造木船。

我捡来一些碎木条和小木片，自己躲在屋里，悄悄地造起小木船来。为了造船，我把别的事情都丢在了脑后边。如果不是妈妈到时候喊我，我连吃饭和睡觉都想不起来，至于出去找伙伴们玩，就更想不起来了。过了十来天，我终于造出了三十多只小木船。

看着摆在地上整整齐齐的一排小木船，我的高兴劲儿就甭提了！想到这些小船在水面上航行的情景，我兴奋得一夜没睡好觉。第二天，我把小木船运到滇池边，用绳子一只一只地连起来，小心翼翼地放到水里，系在一条大船后面。

在水边玩耍的小伙伴们见我造了这么多小木船，都很羡慕。我一本正经地说："这是我的船队，就要出发去远航了。你们愿意跟我一起去吗？"

伙伴们争先恐后地说："愿意！愿意！"

伙伴们上了大船。我让他们当水手，有的划船，有的扯帆，有的掌舵。我自己则站在船头当船长，用手指着西方，大声说："现在起航，向麦加出发！"

那么多小木船跟在大船后面，就跟一条长龙似的，壮观极了。

延伸阅读

郑和下西洋

1405 年，明成祖朱棣命郑和为正使，率领将士两万七千余人、海船六十余艘，第一次出使西洋。

船队从苏州出发，顺风南下，到达爪哇国（今印度尼西亚爪哇省）。爪哇国位于爪哇岛上，为南洋要冲，人口稠密，物产丰富，商业发达。但是当时，这个国家的东王和西王正在打内战。东王战败，他的属地被西王的军队占领着。

郑和船队的人员上岸后到集市上进行贸易，却被占领军误认为是来援助东王的，结果一百七十人惨遭误杀。郑和手下的将士纷纷请战，说士兵的血不能白流，必须加倍予以报复才行。另一方面，爪哇西王得知后十分惧怕，连忙派使者登船谢罪，并提出赔偿六万两黄金以赎罪。郑和第一次下西洋就出师不利，而且又无辜损失了一百七十名手下，按常情必然会引发一场大规模战斗。然而，郑和意识到这是一场误杀，又看到爪哇西王诚惶诚恐，请罪受罚，于是禀明朝廷，希望能化干戈为玉帛，和平处理这一事件。明成祖最终决定放弃对爪哇国的征讨和赔偿要求。西王得知后十分感动，两国从此和睦相处。

在后来纪念郑和下西洋六百周年活动期间，印尼的学者认为，郑和的船队无疑是当时世界上最强大的海上特混舰队，甚至可以称得上是一支无敌舰队。但是在郑和七下西洋的二十八年当中，真正意义上的对外战争仅有一次，而且还是在被迫无奈的情况下防卫作战。在与各国的交往中，不论强弱亲疏，郑和都能平等对待，一视同仁，即使两国发生冲突，就像在处理"爪哇事件"的问题上，仍能保持极大的克制，以理服人，充分体现了中华民族传播和平主张的神圣使命。

读破万卷书
——顾炎武

中国人

思想家、学者

出生地：南直隶昆山（今江苏省昆山市）

生活年代：1613年—1682年（明末清初）

主要成就：研究经世致用之学，在众多学术领域有高深造诣，被誉为清朝的"开国儒师"，著有《日知录》《音学五书》《军制论》《天下郡国利病书》等

优点提炼：学问渊博，有强烈的爱国精神

　　我还不到一周岁的时候，就过继给叔叔家了。我是由婶婶抚养长大的。婶婶不光家务活儿干得好，而且喜欢读书。她白天纺线织布，晚上经常看书到半夜才上床休息。

　　在我很小的时候，婶婶就开始教我读书认字，还经常给我讲历史故事，鼓励我向历史上的先贤学习。短短几年工夫，我就读完了《千字文》《百家姓》和"四书""五经"等好多书籍，也学到了许多知识。邻居家的爷爷奶奶、叔叔阿姨都夸我是个"神童"，是个有学问的小学者。

听到这些夸奖，我的心里乐开了花，学习也有些心不在焉了。我的这种骄傲自满的苗头很快被婶婶发现了。

一天，婶婶在外屋织布，我在里屋念书。念着念着，窗外传来一阵清脆的鸟叫声。我被深深吸引住了，不由自主地放下书本，探头向窗外张望。婶婶听不见我读书的声音，知道我又"开小差"了，于是就走了进来。

她拿过书来翻了翻，说："刘基的《卖柑者言》你背过了吗？"

我说："早就背过了。"

"那你就背给我听听。"婶婶说。

这太简单啦！我胸有成竹，摇头晃脑地高声背诵起来："杭有卖果者，善藏柑，涉寒暑不溃……"

我一字不错地背完后，喜滋滋地看着婶婶，等着婶婶像往常一样夸奖我。然而，婶婶这次并没有夸赞我，而是严肃地问道："你虽然背得很熟练，可是你知道这篇文章写的是什么意思吗？"

这也难不倒我！"这篇文章揭露了有些人'金玉其外，败絮其中'。他们虚有华美的外表，其实华而不实，是不值得欣赏的。"我不假思索地回答道。

婶婶看了我一眼,意味深长地说:"那如果一个人刚有了一点儿进步,就骄傲自大,满足于一知半解,不求上进,最后沦落为废物,这和'金玉其外,败絮其中'又有什么区别呢?"

我这才领悟到,原来婶婶是借这个故事劝导我呀!我的脸唰的一下红了,惭愧地低下了头。

婶婶又把我领到外屋,指着织布机说:"以前我给你讲过'乐羊子妻'的故事,你还记得吗?"我点点头。

婶婶指着织布机上的布匹,又说:"剪断这些丝线,这匹布就报废了。如果学习半途而废,那你的学业就荒废了,就会永远失去成功

的机会。远大的志向是要靠点滴的努力来实现的呀！"

我的脸更红了，惭愧地对婶婶说："我知道错了，以后一定加倍努力。"

婶婶见我醒悟了，又亲切地对我说："孩子，你的人生道路还很长，不能只满足于小时候的一点点知识。要精益求精，步步向上。只有这样，才能成为一个对国家有用的人才，为国家做出贡献。"

从此，我牢记婶婶的忠告，改掉了骄傲自满的毛病，更加谦虚谨慎、踏实努力地学习了。

过了几年，我又开始跟爷爷学习读书。爷爷是个很有学问的人，对国家大事非常关心。他反对我死读书，要求我多读历史书、地理书和兵书，从中学习治国之道和用兵之道。在他的指导下，我很快读完了《战国策》《汉书》《左传》《史记》《孙子兵法》等大量书籍。

有一天，爷爷把我叫到他的书房，说："你已经读了很多书了。从今天开始读一套大书吧。"

我说："爷爷，你准备让我读什么大书啊？"

他把一大摞书放到我跟前，说："就是这套书，叫《资治通鉴》，是北宋司马光编著的，写的是历朝历代治乱兴亡的事情，记载了一千三百多年的历史，全书近三百卷，三百多万字，是部真正的大书啊！自古以来有多少大学问家都曾经下决心把这部书通读一遍，可是半途而废的多，没有几个人能够真正读完……"

听到这里，我抢着说："爷爷，我就能把它读完。"

"哈哈，好孩子，有志气。不过，不光要读完，还要读懂。现在有的人图省事，只浏览一下《纲目》之类的书，就以为读过这套大书了，其实这是不对的。这套大书里包含了许多高深的道理，一定要精读才行。你要给自己订一个读书计划，规定每天读多少页，就一定读完。而且还要把当天读过的内容抄下来，重要的章节要背下来。"

"爷爷，我一定照您说的办。"

"好，那我就在有生之年陪着孙儿读这部大书了。"爷爷说。

就这样，我采取"自督读书"的措施，边读边抄，效果非常好。读完《资治通鉴》后，一部书就变成两部书了。另外，我还坚持边读书边做笔记，写下了许多心得体会。

我把家里的藏书都读完之后，便决定外出旅行。读破万卷书，行遍万里路嘛。

延伸阅读

宁愿死，也不做汉奸的学生

清军入关后，顾炎武四处奔走，组织抗清斗争，但因势单力孤，都失败了。

当时，沿海和太湖一带还有零星的抗清活动。清朝官府防备很严，凡是有"通海"嫌疑的，一律治罪。

顾炎武同乡有个姓叶的豪绅，想侵吞顾家的田地，就买通顾炎武的仆人，诬告顾炎武"通海"。官府于是把顾炎武抓起来，关进了监狱。

为了搭救顾炎武，一些朋友想了个办法，去向钱谦益求救。钱谦益也是个文人，原本担任明朝廷的礼部尚书。清兵下江南的时候，他投靠了清廷，带头剃发，保留了礼部侍郎的官职。钱谦益回话说，只要顾炎武承认是他的学生，他就愿意出面保顾炎武出狱。

朋友知道顾炎武肯定不会答应，又怕耽搁了救人，于是自作主张，假托顾炎武的名义，给钱谦益写了封信，答应认作他的学生。

顾炎武听说后，又气又急，非要追回这封书信不可。朋友不肯去追，顾炎武就请别人到大街上张贴公开信，声明那封信是假的，自己决不做汉奸钱谦益的学生。弄得钱谦益很尴尬，保顾炎武出狱的事自然也就泡汤了。

后来，幸亏有很多好朋友帮着奔走呼救，又通过清廷内部的关系为他鸣冤，顾炎武这才被放了出来。

天下兴亡，匹夫有责！

小牧童见财不贪——胡雪岩

中国人

企业家、政治家

出生地：徽州绩溪（今安徽省绩溪县）

生活年代：1823年—1885年（清）

主要成就：中国近代著名的红顶商人；白手起家，却拥有两千万两以上的资产，创立"胡庆余堂"，赢得"江南药王"的美誉

优点提炼：头脑机敏灵活，目光长远，诚实守信

我出生于一个小山村，父母都是没什么文化的农民。我原以为自己的一生也像父辈们一样，在这儿生长，在这儿死去。谁也没料到，我居然能走出大山，还成了一名富甲天下的商人。

我上过两年私塾，后来因为父亲过早离世，家庭的重担全部落在母亲的身上，我只好辍学成为一个放牛娃。母亲很注意自己的言传身教，上学时就常教导我在私塾要听老师的话，不要吵闹，多学知识提高修养；辍学替人家放牛了，就要好好看管，不要只顾自己玩耍……我就是在这样朴素的耳提面命下慢慢成长起来的。

有一次，我们一帮小孩儿把牛群赶上山坡，在牛儿吃草的时候放松地玩耍起来。突然，一个小伙伴不小心跌落到山谷里去了。其他小朋友都被吓得魂飞魄散，纷纷哭着跑回家。我一时也不知道怎么办。这时突然想起了母亲平时对我的教导：朋友之间要互相帮助。在这样的紧急情况下，我心底有一个声音在告诉我：你不能丢下他！你得想办法救他！

怀着忐忑不安的心情，我顺着山坡慢慢向下摸索。快到谷底的时候，我找到了受伤的伙伴。他躺在地上，发出微弱的呻吟声。原来他的腿摔断了。我一路跌跌撞撞地把他背回了家。当邻居知道我的善举后，都夸奖我是一个勇敢、有责任心的好孩子。

七月的一个午后，天气异常闷热，没有一丝风，只有知了在树上叫个不停。我像往常一样去放牛，趁着牛儿安静地吃草时，自己跑到了路边的凉亭里去休息。

走进亭中，坐凳旁的一个蓝布包袱突然映入我的眼帘。我用脚尖踢了踢，它一动也不动，看样子挺沉的。这会是什么呢？带着几分好奇，我一层一层地打开了包袱。当我揭开最后一层布的时候，看到了一堆闪闪发光的珍珠、玛瑙、玉石和金条。我简直不敢相信自己的眼睛。

我敢说，这是我长这么大第一次看到这么多金银财宝。如果我把它拿回家，母亲就不用那么辛苦了。可是，我马上又想到丢东西的人肯定特别着急，想到妈妈平常对我的教导。我心乱如麻，独自在凉亭里不断转悠着。

整个下午我都坐立不安。唉，我捡了宝贝都急成这样，那失主不是更抓狂吗？我的心突然平静下来了。于是我把包袱藏在旁边的草场里，然后坐在那里安静地等着。

直到傍晚，一个中年人才火急火燎地跑过来，在凉亭里左看右看，似乎在找着什么东西。他看见我，马上问道："小兄弟，请问你有没

有在这里看到过一个包袱？"

我猜他大概就是失主了。但为了确认，就试探性地问道："您丢了包袱吗？是什么颜色、什么样子的？"

"大概这么大。一个蓝布包袱！"他边说边用手比画着。

"噢，看您急成这样，里面都有什么啊？"

"小兄弟，不瞒你说，那可是我辛苦了好几年才赚来的银两呀！还有我给老婆、孩子买的珠宝！可是我一时大意，竟给弄丢了。这不，现在正沿路到处找呢！要是找不到，我都没脸回家了！"

我看他说得没半点儿含糊，也很真诚，于是跑到草丛边，把包袱拿出来交给他。

失主见自己的包袱失而复得，激动得直流眼泪："太好了！太好了！"

他解开包袱，从里边拿出两根金条给我，说："太感谢你了！要是换成别人，说不定就没指望了！"

我推辞道："您不用客气！我要是贪图回报，大可以把宝贝拿回家。而我守在这里，就是为了等您回来找的！"

"你真是一个善良的孩子啊！我要怎么感谢你才好呢？"失主感慨万分地说道。

此时天色已晚，我想着牛还在山上，就对他说："没关系，您不用放在心上。我要赶牛下山回家了，您也赶紧回吧！"

"你是在放牛呀？我看你年纪这么小，还以为你还在读书呢！要不这样吧，我在绩溪粮行做掌柜，正好缺一个伙计。要是你愿意，你可以去我那儿干活儿。这可比放牛强多了！"

我想了想，觉得这是个好主意。但母亲交代过，在外面不要随便相信陌生人。于是我对他说："谢谢您，这个我得先问问我娘的意见。"

到家后，母亲听说了我这一天的经历，高兴地说道："岩儿，我没有白教你，是别人的东西，我们就不能随便拿。现在既然有这么好的机会，那你就应该出去闯闯！"

就这样，我跟着粮行的掌柜来到了绩溪县城，开始学习做买卖。从此，我走上了经商的道路，人生成长的轨迹也开始发生改变。

延伸阅读

"红顶商人"的成功

胡雪岩的成长经历充满了传奇色彩：他出身贫寒，从一个小伙计做起，赤手空拳创造了亿万家财，最后成为显赫一时的"红顶商人"（也就是既当官，又做生意的双重身份。古时的高官帽子上有红色的顶珠，因此用"红顶"代指高官）。

他的生意遍及大江南北，贩运粮食、典当、钱庄、生丝、药店、军火、地产等行业无不涉足，并且还与洋人打商战，在国外开辟出了一番天地。他以诚实守信、以德报怨的品德，在商场上结交了许多真诚的朋友，为自己的事业打下了良好的基础。

　　他被称为中国历史上的"一代商神"，并且把生意做成了一门学问。

我是红顶商人。

信守实诚

放牛娃智摆水牛阵
——叶挺

中国人

政治家、军事家

出生地：广东归善（今广东省惠州市惠阳区）

生活年代：1896年—1946年

主要成就：北伐名将，八一南昌起义的前敌总指挥，中国人民解放军创始人之一，新四军军长

优点提炼：聪明，勇敢

我叫叶挺，出生在一个普通的农户家庭。那时正值清朝末年，时局动荡，人民都生活在水深火热之中。因为家境贫寒，我小小年纪就要去替地主家放牛，赚些工钱养活自己。可是地主看我年纪小，又是

细胳膊细腿的,不愿意将放牛的活儿交给我干。经过苦苦哀求之后,他才不屑地提出:只有看到我有力气拉动大水牛时,他才把这份差事交给我做。

跟着地主来到田边,我见到了那头强壮的大水牛,原来我还没有它的后腿高。这样的庞然大物能听我的话,会跟着我走吗?想到父母辛苦劳作的身影,我握紧了拳头,告诉自己:一定要争取到这份差事!

我一步一步慢慢地走近大水牛,试着拉了拉缰绳。大水牛只顾吃草,不愿意理会我。

旁边的地主不由得干笑了两声:"小鬼,我看你还是走吧。要是不小心挨了一脚牛蹄子,那滋味可不好受啊!"

我紧张地咽了咽口水,心想决不能就这么轻易放弃。

看着大水牛贪婪地咀嚼着青草,我灵机一动,从地上抓起了一把青草,在大水牛面前晃了晃。大水牛的眼睛马上盯着我手中的青草不动了。我知道青草已经成功地吸引了大水牛的注意力,于是再接再厉,一边拉着缰绳往前走,一边用青草逗着大水牛,大水牛果然乖乖地跟着我走了起来。

地主瞪大了眼睛看着我,说:"想不到你人这么小,脑筋倒是很好使。好吧,这个差事就交给你了!"

我高兴地拉着大水牛直蹦,从此以后大水牛就是我最好的朋友了。我每天带着大水牛在田野中劳作,还认识了不少小伙伴。他们也和我

一样，为地主放牛来挣口饭吃。

这一天，我和小伙伴们正在地上玩耍，有人骑着马远远地飞奔过来。听着急促的马蹄声，我连忙叫小伙伴们快点儿躲开。可是年纪最小的一个孩子却被吓傻了，待在原地一动不动，只知道哇哇大哭。眼看狂奔的马蹄就要踩到他的头上了，马上的骑手却丝毫没有勒令马儿停下的意思。

紧急关头，我一个箭步冲过去，抱着那个同伴滚到了路旁。虽然躲过了马蹄的踩踏，我的胳膊和腿却都擦伤了。

看到我们摔倒受伤，骑马的人没有丝毫同情，反而回头大笑："你们这群穷小子，真是踩死活该！"

我愤怒地想要追上去理论，那人却立刻骑着马跑开了。

小伙伴们纷纷围过来查看我们的情况，又七嘴八舌地告诉我，骑马的人是一个军官的儿子，他仗着自己的父亲在军队中是个不大不小的官，经常骑着父亲的战马在村里横冲直撞，狂奔乱跑，好几次都差点儿踩伤人。可是这个坏小子却从来不道歉，态度十分蛮横。

我咬着牙处理好身上的伤口，安抚着受惊的小伙伴，心里想着一定要找机会好好教训一下这个仗势欺人的家伙。我眼珠转了转，和大家商量起对付他的办法来。

第二天，我还在田野里放牛，有个小伙伴飞快地从村口跑来报信，说那个军官的儿子又骑着马来村里撒野了。我心里暗暗想着：这家伙来得正好！

我吩咐小伙伴们按照昨天商量好的办法去做。大家很有默契地点点头，拉着牛开始行动了。

军官的儿子骑着战马再次来到田边，心里正在奇怪昨天那群穷小子怎么都不见了。这时突然冲出来一大群水牛，浩浩荡荡地从他的对面朝他奔跑过来。军官的儿子满不在乎地一咧嘴，还肆无忌惮地扬起鞭子，抽打着马儿向牛群冲去。

可是等他一冲进水牛群就后悔了：战马的速度虽然快，可是冲到牛群里就施展不出一点儿本领了。水牛们的块头大、速度慢，根本不会被战马冲散；更何况水牛平时脾气虽好，可一旦被冲撞激怒，绝对不是好惹的。它们哞哞地叫着，用锋利的犄角把势单力薄的战马顶得惊跳起来。

军官的儿子想使劲勒住缰绳。可是战马受到惊吓,抬起了两条前腿拼力嘶鸣。军官的儿子手脚乱抓,眼看就要摔下马来,吓得大叫:"救命呀!救命啊!"

我躲在暗处观察,见教训得差不多了,就吹了一声口哨。小伙伴们听到哨声,立刻从各处跑了出来,各自牵住了自己的水牛。

水牛们很快安静了下来。我走出来对骑在马背上惊魂未定的人说:"不要以为你是军官的儿子,就能随便欺负人。现在你受到教训了吧?"

对方惶恐地点点头,策马狼狈地逃出了我们的视线。

没想到,我带领小伙伴们摆"水牛阵"的故事很快在家乡一带传开了。大家都说,我这样有勇有谋,将来准能带兵打仗。借父老乡亲们的吉言,后来我投身军营,果然成了一名能征善战的将军。

延伸阅读

叶挺的《囚歌》

1941年,"皖南事变"发生,叶挺被国民党当局扣押,随后被关进重庆监狱。虽然在关押时受到非人的折磨,但是叶挺的革命意志不减,英雄豪气不衰。他在狱中写下了《囚歌》这首诗,将自己的雄心壮志和不屈服的精神体现得淋漓尽致。

《囚歌》
　　叶挺

为人进出的门紧锁着，

为狗爬走的洞敞开着，

一个声音高叫着：

爬出来呵，给尔自由！

我渴望着自由，

但也深知道——

人的躯体哪能由狗的洞子爬出！

我只能期待着，

那一天——

地下的烈火冲腾，

把这活棺材和我一齐烧掉，

我应该在烈火和热血中得到永生！

到海的那头去——哥伦布

航海家、探险家

意大利人

出生地：热那亚

生活年代：1451年—1506年

主要成就：相信地圆学说，四次横渡大西洋，发现新大陆

优点提炼：勇敢，具有探索精神

嘿，你们知道吗？在意大利西北部，有一座美丽的小城叫热那亚。这里靠山面海，风光旖旎，是一座历史悠久的古城，早在罗马建成之前，就有人居住在这里了。热那亚还是航海家和冒险家的天堂，航海技术一直处于欧洲领先水平。我很高兴自己能够生长在这样一个充满希望

的地方。

我刚出生时,爸爸给我取名为"克里斯托弗",也许是希望我能像传说中的大英雄克里斯托弗一样被人们广为传颂。

我爸爸是一个经营纺织品的商人,带领着一群工人干活儿,生意很兴隆,家里的日子也过得相当红火。我没有受过什么正规的教育,大部分时间都是在帮助家里清洗、梳理羊毛。但我几乎没有继承家族事业的想法,对布料和织机之类的东西一点儿也不感兴趣。

后来,因为一桩冤案,爸爸的生意陷入了困境。我看到爸爸多年来苦心经营,却落得这样可悲的结局,心里生出离家出走、闯荡世界的想法。

我从小就对海洋和航海的事情特别痴迷。每次去海边,我都很兴奋,把从沙滩上捡回来的各式贝壳收集在一个箱子里,猜想着它们上岸之前的生活。

每次望着浩瀚的大海,我都不禁会想:海的那头会是怎样的呢?那里是否也有像我们一样生活的人们?如果有,他们知道我们的存在吗……我常常在大海边徜徉,童年的脚印遍布附近的沙滩,往来的渔民和水手都成了我熟悉的大朋友。

久而久之,我形成了一个特别的习惯,就是在船队返航的日子去港口等待水手们上岸。因为他们每次旅行归来,都会给我讲一些在航程中遭遇的惊险刺激的故事:"我们航行的第五天,船队遇上了龙卷风，食物和饮用水都被卷入海中，我们只能靠抓海鱼为生……后来，我们到了一个海中小岛，那里没有人生活，小岛上有很多稀奇的果子，味道好极了……"

每次听到他们讲这些离奇故事，我都既羡慕又忌妒，真希望自己能一夜长大，下次就跟随他们一同到大海中去探秘。

为了了解大海的"习性"，我到处寻找相关的书籍来看，很快就增长了很多关于海水涨潮退潮、天气变化方面的知识。但是关于大海的一切，对我来说依旧那么神秘，牵引着我幼小的心。

有一天，我照例在海边玩耍。一位船长看到我，对我喊道："嘿，哥伦布，我的小伙计，咱们来玩个游戏吧！"

"什么游戏？"我望着甲板上的船长，脑中突然蹦出一个主意，"要是我赢了，我可以到船上去玩玩吗？"

船长一下子笑了："哟，小小年纪就知道和我谈条件了。你肯定自己会赢？"

"我一定要赢！"我满怀信心地回答，因为我实在是太想知道船上的人是怎么生活的了。

"那好，我考考你，海的那一边有很多国家，你能说出至少三个国家的名字就算你赢！"

"印度、中国、缅甸……"我一口气说出了一大串。

船长惊诧地看着我，见我小小年纪就知道这么多遥远的国家，甚至有些国家连他也只是耳闻,并未真正到过。

"嗯,不错!我想问问,你是从哪里知道这些国家的?"

"我在书上看到的。你知道吗?《马可·波罗游记》是我最喜欢的书!"我自豪地说。

"好,好!你赢了!我批准你可以上船了!"

这对我来说真是个好消息!我终于如愿以偿登上了这艘远洋帆船,要知道,这在以前是不可能的事。谁会允许一个小孩子上船瞎胡闹啊!

我在船上这里摸摸,那里看看,最后我走到船头,煞有介事地指挥起来,胳膊一挥,喊道:."全体,出发!"

过了一会儿，我又回头询问："现在是什么风向？几级？是否偏离航向？……"船长看着我的一举一动，哈哈大笑起来："未来的船长，你很专业嘛！等你上任我就可以退休了！"围观的水手听了，也发出阵阵笑声。从此我多了个绰号，叫"未来船长"。

有了这次经历后，我觉得自己和航行结下了不解之缘。后来，船员们告诉我，在海上航行非常辛苦，一定要具备强健的身体。我把这话牢牢记在心上，一有机会就加强身体锻炼，不管是夏日炎炎还是寒风凛冽，我都会去海边跑步。

几年下来，我的个子长高了许多，身体也变得结实了。除此之外，我还一如既往地学习一些地理、天文、数学和航海方面的知识，不停地看书，不断地发问。我了解到的知识越多，就越想去外面的世界看一看，而且这个愿望越来越迫切。

十四岁那年，我终于成了一名合格的水手，开始了人生的第一次航行。基于我好奇、爱冒险且不受约束的性格，我很快就成了一位领航员。从那以后，我带着探索未知的梦想，穿越惊涛骇浪，将人生之帆飘扬在烟波浩渺的大海上。

延伸阅读

哥伦布立蛋化解争议

哥伦布历经千辛万苦之后，终于发现了新大陆。可凯旋后，他的成功却备受人们的质疑，很多人认为这只是偶然事件，其他任何人只要碰上好运气，都可以做到。

在一个盛大的宴会上，一位贵族当众发难说："哥伦布先生，你根本没什么值得骄傲的，发现新大陆不过是凑巧罢了！如果换成别人也能发现的！"

面对挑衅，哥伦布丝毫没有慌乱。他拿起桌上的一个鸡蛋

对大家说:"女士们,先生们,你们谁能够把鸡蛋立在桌子上?"大家跃跃欲试,尝试了各种方法,但没有一个人成功。

过了一会儿,哥伦布微笑着拿起鸡蛋,在桌上轻轻一磕,敲破了一端的蛋壳,然后将鸡蛋稳稳当当地立在那儿。

"发现新大陆确实不难,就像立起这个鸡蛋一样简单。但在我没有立起它之前,你们谁又做到了呢?"哥伦布巧妙地用这一举动证明了自己的能力。众人纷纷向他致以赞赏的目光,之后再也没有人质疑他了。

找出科学的真相——哥白尼

波兰人

天文学家、现代天文学开拓者

出生地:维斯杜拉河畔的托伦市

生活年代:1473年—1543年

主要成就:创立"日心说",否定"地心说",这是天文学上一次伟大的革命;代表作有《天体运行论》

优点提炼:无所畏惧,敢于挑战权威

我叫尼古拉·哥白尼,出生于一个富裕的家庭。我的爸爸既是一位富商,又是一名议员。富足的家境给了我一个自由成长的空间,让我度过了无忧无虑的童年时光。

可这样的生活持续到我十岁那年就结束了——爸爸去世了。面对突然而来的噩耗，我还来不及悲伤就被送到舅舅家抚养。舅舅是一位学识渊博的大主教。他也给了我一个自由的成长空间，经常带着我观察星空，让我爱上了那片神秘莫测的苍穹。

我经常坐在窗前，望着天上闪烁的繁星，感觉它们好像在眨巴着眼睛向我打招呼。为了回应它们的热情，我久久注视着天空，回以无声的问候。看着它们发呆时，我脑中也会冒出很多疑问：为什么天空会如此辽阔？为什么星星和我们距离如此遥远？……我恨不得能插上翅膀，飞上天空去一探那里的究竟。可我没有翅膀，就只能先通过观察，看能不能看出一些端倪了。

哥哥看到我经常坐在窗前发呆，露出一副如痴如醉的表情，对我的行为十分不解。一次，他又看到我像往常一样望着天空发呆，于是好奇地问："尼古拉，你在看什么呀？是在祈祷吗？"

我摇摇头说："我在观察天上的星星和月亮，想要探寻天空的奥秘。"

"啊，探寻天空的奥秘？"哥哥惊讶地张大了嘴巴，表情随即变得严肃起来，接着一本正经地对我说，"这些是神学家该操心的事，跟我们无关，也用不着我们去干预。"

哥哥说的神学家是教会里的成员。他们掌握着所有事情的话语权，不管是天上地下，还是我们老百姓的日常生活，都得由教会说了算。教会认为天空是神圣不可侵犯的，我们只需要膜拜它、敬仰它就好；如果谁想着要探索天空的奥秘，就是对神的不敬。所以，在我们生活的那个时代，大家对天空是又向往又恐惧，生怕对它有过多揣测而激怒神明，最终受到惩罚。

哥哥劝我不要胡思乱想，好好过自己的生活。但我的想法其实很简单，我只想跟星星和月亮交个朋友，了解它们什么时候出来，什么时候消失，什么时候最明亮。如果能得到它们的回应，那就再好不过了。

当然，哥哥听了我的这些傻话，更加觉得不可思议了。他认为我的想法和教会交代我们去做的相冲突，总有一天会给家庭带来灾难。他坚决反对我看星星，也不准我看与天文有关的书籍。幸好舅舅非常支持我，还把我送到专门的学校去学习。

在学习期间，我结识了一位叫沃德卡的老师。我非常敬重他，经常去他家拜访，向他请教一些问题。

一天，我去老师家做客，可老师碰巧不在。在老师的书房等他回来时，我惊喜地发现老师收藏了很多书。我从书架上抽出一本书，看到有一页折了角，就好奇地翻到了那一页。只见上面注有批语："12月25日晚上，火星和土星将会组成一个特殊的角度，这预示着匈牙利的皇帝将有灾难。"

看完批语，我十分疑惑：火星与土星位置的变化怎么会跟匈牙利皇帝的祸福扯上关系呢？我对这个问题百思不得其解。

老师回来后，我马上向他请教了这个问题。

他笑眯眯地回答："怎么不可能呢？要知道，星星的动态和我们息息相关，人类的福祸都是由所属的命星决定的。"

我不同意这个观点，摇摇头说："星星是一直存在的，并不会因为人的生老病死而变化，它们怎么可能会决定人类的命运？如果我们的命运都是由命星决定的，那人的意志还有什么作用？人类也就没有坚持和努力的必要了。"

看到我有些激动的样子，老师也没继续争辩下去，而是摸摸我的头，亲切地笑着说："孩子，几千年以来，我们一直都信奉天命决定一切。我不过是把前人得出的观点告诉你而已。你的想法很有意思，虽然跟前人的观点有些冲突，但并不一定就是错的。但是以我目前的能力，还不能解答你的疑惑。如果你有足够的毅力，就要一直坚持自己的想法，不断地钻研，一定能找出事实的真相。"

听了老师的话，我大受鼓舞。"找出科学的真相"这个信念一直激励着我，赋予我寻找真相的勇气和力量。

延伸阅读

真理的捍卫者

哥白尼经过长期的天文观测，认为太阳是宇宙的中心，地球是围绕着太阳旋转的一颗行星。但是当时的统治者却认为，地球是宇宙的中心，太阳是绕着地球东升西落运行的。哥白尼的"日心说"与传统的"地心说"背道而驰，是对传统的一个很大挑战。

当然，要公布"日心说"理论，让大家认可它、接受它，显然并不容易。早在1506年到1515年间，哥白尼就写成了"日心说"的提纲，但一直不敢公开发表。后来，哥白尼经过反复验证，不断修正、完善自己的理论。直到1543年，他才终于鼓起勇气公开"日心说"，并且批评了"地心说"的谬误。

不出所料，哥白尼的观点一经公布，就好似一石激起千层浪，大家都认为他是个疯子。面对巨大的压力，哥白尼表示："我不会在任何人的责难面前退缩下来。""如果有人对我的设想横加指责，我将不予理睬。我认为他们的判断是粗暴的，为此我完全蔑视。"

哥白尼果断地把他的手稿拿去付印。几经周折，他的天文学著作《天体运行论》终于问世了。可遗憾的是，哥白尼拿到印好的书仅一小时后，生命就走到了尽头。

哥白尼已经逝世几百年了。随着科学的发展，我们现在已经知道，太阳也并非宇宙的中心。但是从"地心说"到"日心说"，在当时已经是一个了不起的跨越。哥白尼的思想给后人留下了无尽的财富。

此生无憾啦！

环球旅行家——麦哲伦

葡萄牙人

探险家、航海家

出生地：波尔图

生活年代：1480年—1521年

主要成就：率领船队进行首次环球航行

优点提炼：坚持梦想，富有冒险精神

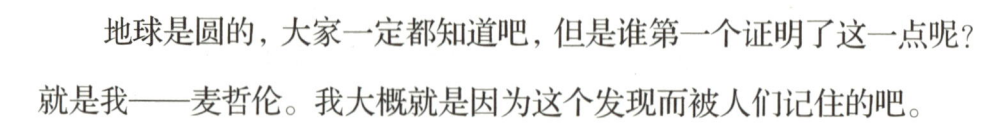

地球是圆的，大家一定都知道吧，但是谁第一个证明了这一点呢？就是我——麦哲伦。我大概就是因为这个发现而被人们记住的吧。

1480年，我出生于葡萄牙北部一个骑士家庭，然而我却没有享受到骑士后裔的荣华富贵。我的爸爸很喜欢喝酒，保留了很多贵族的奢侈之风，但是却没有能力发家致富，因此家里的日子越过越穷，渐渐就没落了。

在我十岁那年，家里实在穷得揭不开锅。为了节省开支，在家人的安排下，我离开家乡，进入葡萄牙王宫当一名侍童。这个看来有些卑微的职位，却不是任何人都能得到的。而我能有这个机会，主要归功于我的出身。在那个时代，骑士很受欢迎！

来到宫中，我的生活发生了很多改变，我得时时小心，处处留意，保证做好每一件被交办的事情。没多久，我就因为长得俊俏，又聪明伶俐，而且学习能力强，深得宫中贵族们的赏识。

葡萄牙国王和王后的行宫遍布全国各地，而他们又很少在一个地方长住，常常这里住几天，那里住几个月。我为了照顾他们，经常跟随王室东奔西跑，几乎走遍了全国。在这个过程中，我不仅领略了葡萄牙的美妙风光，也了解了各地不同的风土人情，开阔了眼界，增长了见识。

有段时间，我特别喜欢听宫廷里的人们谈论关于世界的变化、科学家的发明、探险家和航海家这类的话题。比如说：1488年，大航海家迪亚士远征非洲南部，发现了非洲最南端的好望角；1492年，西班牙另一位大航海家哥伦布经过艰苦的远航，发现了新大陆……每次听到这些奇闻，我都对外面的世界充满了憧憬，希望自己也能像那些大航海家一样，到人们从未去过的远方去探险。伴随着我的成长，我的这种愿望越来越强烈。

由于工业的发展，欧洲很多新兴的资本主义国家争相扩充自己的势力范围，去国外开辟广阔的贸易市场和原料产地，葡萄牙也不例外。葡萄牙的国王大力提倡航海探险，还创办了一所航海学校，在那里培养大批航海人才。

我得知这个消息后，非常渴望去航海学校学习，但因为年龄太小被拒绝了。梦想的大门向我紧闭着。

十六岁那年，出于宫中的需要和自身的喜好，我抓住一个很好的机会，离开王宫，来到葡萄牙航海事务厅工作。在那儿，我接触到了大量和航海相关的信息，熟悉了西欧到美洲、非洲、亚洲的航线、地图等。我还处处留心，不断积累航海知识。我似乎感觉到，自己离梦想越来越近了！

一天中午，事务厅长官气喘吁吁地跑来："告诉大家一个惊人的消息，探险家达·伽马绕过好望角去了印度！"

"这确实是个好消息，他创造了一个新的世界纪录！"

听到这个好消息，大家兴奋极了，也开始议论纷纷。有人赞扬达·伽马的胆略，有人佩服他的勇气。当有人问起达·伽马是否会获得财宝时，长官哈哈大笑着说："那是必须的，他这次满载而归！香料、宝石、丝绸、金银通通都有，还不是一点点……"

听到这个消息，我顿时觉得热血沸腾。我因为从小家庭贫困，财富对我来说具有巨大的诱惑力。我不止一次扪心自问："他们能做的，我也能做到，对吗？"

于是，我下定了决心，申请到远航船队去。但是很不幸，我的申请被驳回了。

梦想再次受挫，很长一段时间，我都有些消沉，因为我害怕自己有一天不能实现自己的航海梦。长官知道我的想法后，安慰我说："只有努力，梦想才可能实现。而在实现梦想之前，你应该更好地武装自己。"

听了长官的话，我似乎又燃起了希望的火苗。我继续留在事务厅，耐心地等待机会的出现。

我利用所有的闲暇时间读书，学习航海技术，练习绘图，学会使

用仪器，积攒资料，熟悉航线。听说航海还需要健康的体魄，我就加紧锻炼。我做好了一切准备，只等机会的降临。

几年后，葡萄牙国王决定派亚尔美达去印度，任第一届总督。同时还宣布，亚尔美达到印度去上任的时候，要率领一支庞大的船队。这次，我是无论如何也要抓住这个机会，于是无比诚挚地请求加入这支远航船队。这一次，我终于如愿以偿得到了批准，从此也开始了我的航海生涯。

延伸阅读

"麦哲伦海峡"和"太平洋"

1519年9月20日清晨，在西班牙桑卢卡尔港，隆隆的礼炮声送走了人类有史以来最奇异的一支远航船队。

麦哲伦的这支远航船队由五艘舰船组成，约270人。在最初几天的航行中，海上风平浪静，他们利用轻快的东北信风和赤道海流航行。两个月之后，船队横渡大西洋，到达巴西。

麦哲伦站在南美洲东海岸，苦苦思索着那条神秘海峡，它应该就在这一海域的某个地方。他久久地遥望着那条无边无际的蛮荒的海岸线,似乎听到神秘海峡的召唤。于是,他毫不犹豫地起航沿南美洲海岸线南行。船队一连走了几个月,所到之处仍然是坚固的陆地和海洋,根本没有海峡的影子。他命令船队放慢速度贴着海岸线航行,不放过一个海湾,对它们进行仔细的勘测。

他们在一处大海湾里走了一个多月。1520年10月21日,一条海峡终于闪现在前方,这就是他们历尽千辛万苦寻找的神秘海峡,后人称它为"麦哲伦海峡"。

经过一个多月艰苦迂回的航行,11月28日船队平静地驶过海峡,船员们的眼前忽然出现了一片巨大的水域,麦哲伦船队驶入一望无际的大洋。这对当时的人们来说,是一片完全陌生的海域。接下来,麦哲伦船队在海上航行了几天。一直风平浪静,安稳太平。于是,麦哲伦亲切地将这一大片海域称为"太平洋"。

这么太平,那就叫太平洋吧!

关于诚实的故事
——华盛顿

出生地：弗吉尼亚州威斯特摩兰县

生活年代：1732年—1799年

主要成就：领导美国独立，主持制宪会议；担任美国首任总统

优点提炼：敢于认错，诚实

政治家、军事家

美国人

我叫乔治·华盛顿。认识我的人都知道，我是美国的第一任总统。大家一定在想，总统先生小时候是什么样子的呢？那我就跟大家讲一讲吧！

1732年，我出生于一个种植庄园。小时候的我，远没有现在这样

懂事。记得有一年的春天,表哥来我家做客时,送给我一个大大的苹果。我紧紧抱着苹果不肯放手,完全没有想要跟别人分享的意思。爸爸看到了,对我说:"乔治,这么大的苹果你一个人吃不完,分点儿给兄弟姐妹们吃。以后大家有吃的,也会想到你,跟你一起分享。"

可我才舍不得把自己的苹果分给大家吃呢!爸爸又给我讲了些道理,我也没理会,死死抱着苹果不撒手。最后,爸爸实在想不到别的办法了,就对我说:"如果你把苹果分给大家一起吃,作为奖赏,上帝到秋天会还给你许许多多的苹果。"

听到爸爸这样一说,我终于同意把自己的大苹果拿来与大家一起分着吃了。

转眼间到了秋天。有一天,表哥又来拜访我家了。爸爸牵着我和表哥的手,来到苹果园里,只见苹果树上结满了苹果。爸爸指着枝头的苹果对我说:"乔治,你看,这枝头上的苹果都是你的啦!"

我满足地拍着手,高兴极了。爸爸接着说:"还记得春天时,你表哥给你的那个又大又红的苹果吗?"

听到爸爸的话,我心中刚刚提起来的兴致突然跌了下去。我惭愧地低下了头,不知道说什么才好。过了一会儿,我才终于鼓起勇气,抬起头,对爸爸说:"爸爸,我错了。以后我不会那么小气了,会学着与大家一起分享好东西的。"

这一课对我以后的成长起到了很重要的作用。也就是从这件事情开始，我慢慢懂事了。后来，我开始崇拜起英雄人物。看到哥哥穿上军装去打仗时，我十分羡慕，抑制不住内心的向往，对爸爸说："爸爸，我长大后也要像哥哥一样，当一名勇敢的军人，好吗？"

"好啊，亲爱的乔治！"爸爸爱抚地摸着我的头，一脸慈祥地说，"但是，你知道怎样才能成为一名勇敢的军人吗？"

"要怎样才能成为勇敢的军人呢？"我一边重复着爸爸的问题，一边细细思考着。突然，我想到了一个答案，高兴地说道，"我觉得诚实的孩子能成为勇敢的军人。爸爸，对吗？"

"真聪明！诚实的人才能团结战友，一起对付敌人。"爸爸笑眯眯地说着。

从此，我就牢牢地记住了，首先要成为一个诚实的人，然后才能成为一个勇敢的军人。

不过，我没想到诚实对我的考验来得这么快。

在我们的农场里，有一棵小小的樱桃树，是爸爸为了纪念我的出生栽下的。我一天天地长大，小樱桃树的个头儿也一年比一年高。当然，与日俱增的还有我想当一名威武军人的意愿。

有一天，我意识到威武的军人都有武器，可神气了。于是，我想做一把小木枪来武装自己。但是，这能搞定吗？我想来想去，决定找爸爸来帮忙。可爸爸正在忙着自己的事情，根本没有时间顾及我。于是，我决定自己动手，这样还可以给爸爸一个惊喜。

可做木枪远没有想象中那么容易。首先找材料我就遇到了麻烦。我在杂物间里翻腾了一番,没有发现可以用来做木枪的材料。就在我有些失落时,一眼瞄到了花园里的小樱桃树,眼前顿时一亮,有办法了!我拿来一把斧子,三下五除二就把樱桃树砍倒了。

晚上,爸爸回家了。我还没来得及向他炫耀我的"功绩",就听到他在大厅里气势汹汹地质问家里的雇工,是谁如此大胆砍掉了他最心爱的小樱桃树。

我的心情顿时像坐过山车一样,从顶端跌到谷底。我哪敢在这时候再向爸爸"邀功",只好躲在房间里,不敢出声。我很庆幸自己在惊慌中竟然还能保持冷静。因为我想了想,要是我不出去认错,让爸

爸错怪了无辜的人，那我就不是个诚实的人。要是因为我的不诚实连累了别人，那就是错上加错了。

于是，我鼓起勇气，勇敢地走到爸爸身边，轻轻地拉了拉正火冒三丈的爸爸的衣角，怯怯地说："爸爸，是我砍掉的那棵小樱桃树。"

"小家伙，你砍掉的是我最喜爱的樱桃树，难道不怕我惩罚你吗？"爸爸怒气未消，厉声问道。

"可是……"我壮着胆子继续说，"要当一名勇敢的军人，首先要是一个诚实的人。我虽然做错了事，但我只要认错，就还是个诚实的人。"

听到我这么一说，爸爸愣了几秒钟，脸上的表情也由多云转晴。他一把抱住我，说："好孩子，爸爸原谅你了。敢于承认自己的错误做一个诚实的人，比一棵樱桃树的价值珍贵得多。"

从此，我牢牢地记住了自己的抱负，要成为一个诚实的、勇敢的军人，而且在成长的道路上，始终秉承着这种信念，最终走上了人生的顶峰，成为美国第一任总统。

> 延伸阅读

华盛顿找马

要当上美国总统,除了勇敢和诚实外,还要有智慧。华盛顿的智慧在一些小事上就已经显露出来了。

有一次,华盛顿的马被人偷走了。他知道谁是偷马的人以后,报了警并和警察一起前去偷马人的农场索要。但是对方拒

绝归还，并且态度强硬，一口咬定说马是他自己养的。

华盛顿马上用双手蒙住马的眼睛，问道："如果马是你的，那你告诉我，马的哪只眼睛是瞎的？"

偷马的人暗想，原来这是一匹瞎马！可到底哪只眼睛是瞎的呢？他犹豫了一下，答道："右眼。"

华盛顿放下蒙住马右眼的手，马的右眼并没有瞎。对方慌忙改口道："我记错了，是它的左眼瞎了。"

华盛顿又放下另一只手，马的左眼也没有瞎。"我又记错了。"偷马的人还在为自己狡辩。

"是的，你是记错了。因为这匹马根本就不是你的。"华盛顿一字一句地说。

警官这时也发话了："这足以证明，这匹马是华盛顿先生的。你得还给他。"

就这样，华盛顿凭借自己的聪明智慧，让偷马的人承认了错误，乖乖地交出了马匹。

严父慈母的教育
——歌德

出生地：法兰克福

生活年代：1749年—1832年

思想家、文学家、自然科学家

德国人

主要成就：在诗歌、戏剧、散文、自然科学、博物学等方面都有较高成就；主要作品有剧本《铁手骑士葛兹·冯·伯利欣根》、书信体中篇小说《少年维特之烦恼》、诗剧《普罗米修斯》《浮士德》

优点提炼：知错能改，活泼好动，爱思考

我叫约翰·沃尔夫冈·冯·歌德，成长于一个典型的严父慈母家庭。爸爸早年一直怀才不遇，直到中年才获得一个"皇家顾问"的头衔，并且还是没有薪水的闲职。但他勤奋好学、热爱艺术，只是生性理智、性格执拗，因此在我心目中，他总是表现出难以置信的严正。

妈妈与爸爸相比就善解人意多了。如果说爸爸是一块冰冷的铁，妈妈则是温暖而滋润人心的阳光。每当看到我被"铁面"的爸爸责备，妈妈都会给我打圆场，处处维护我稚嫩的自尊心。

记得我四岁的时候，像所有小男孩一样活泼好动，喜欢调皮捣蛋。有一次，我和妹妹与邻居的孩子一起玩耍。那天恰巧仆人不在，我们不知不觉就钻到了厨房里去玩。

在我们德国，厨房是很讲究的，各种锅碗瓢盆都按照次序摆放得整整齐齐。我们平时很少见到这些东西，因此这里瞧瞧，那里看看，感觉很新鲜。

我们当中有一个年龄稍大一些的领头者，他以前观看过乐队的演出，这时突发奇想，怂恿大家一起用勺子敲打眼前这些琳琅满目的瓶瓶罐罐。这可真是个"好"主意！

我们各自摆好姿势，忘我地开始了"厨房多重奏"。正当我们陶醉在自己的"交响乐"当中时，突然听到一声喝令："你们给我停下来！"

噢，不好，是爸爸的声音。这个时候他应该是在书房里看书的，怎么突然出现了呀！在场的小朋友都停下了手上的动作，惊呆了。

"歌德，是不是你带头的？"爸爸问。

"不，不是我……"我胆怯地回答。

"你不仅自己调皮，还带坏妹妹，太不像话了……"

"我没有，不是我……"我的话还没说完，就哇哇大哭起来。

正在做针线活儿的妈妈听到我的哭声，循声来到厨房。她见我一脸委屈的样子，赶忙蹲下来帮我擦了擦泪水，抚摸着我圆鼓鼓的小脸蛋，温柔地说："宝贝儿，怎么了？发生了什么事，给妈妈说说吧。"

听到妈妈的安慰，我哭得更伤心了。妈妈耐心地问清了情况。邻家的大哥哥站出来说："叔叔阿姨，对不起，是我出的主意。我们只是想知道乐队是怎么演奏的。"

妈妈被这个原因逗乐了，她就和爸爸商量："亲爱的，孩子们还小，你就不要责怪他们了！"

"年纪小不是理由，要让他们知道，得为自己的行为负责！"爸爸还是怒气十足，不依不饶。

"孩子们只是想模仿乐队的演奏，这是好奇心使然，也不是什么大错。如果你觉得他们把厨房弄得乱七八糟了，作为惩罚那就让他们整理干净，你看怎么样？"

妈妈的话句句在理，既保护了我们的好奇心，也让我们认识到了自己的错误。爸爸也不好再说什么，扔下一句"下不为例"就走了。厨房里就剩下妈妈和我们一帮小朋友。在妈妈的指挥下，我们有的负责摆刀叉，有的擦地板，有的清理水槽，干得热火朝天。完工之后，妈妈给我们每人一个小布丁作为奖励，并叮嘱我们以后不能只图一时开心就做出格的事情。

等我稍微长大了些后，妈妈知道我很喜欢音乐，于是给我和妹妹买了一架大钢琴，还专门请了音乐老师教我们识乐谱，指导我们弹琴。一次难得的机会，爸爸知道莫扎特要来市里演出，特意花了大价钱给全家人都买了票，去欣赏这位音乐神童的演奏。

有段日子，我特别喜欢听故事。一有时间我就坐在妈妈的怀里，听她讲故事。妈妈讲故事和别人不同，不仅讲得绘声绘色，还会在快结尾时让我设想一下结局。我讲完后，她还会给我分析我编的结尾是不是合理。天长日久，我从开始的三言两语到后来的滔滔不绝，想象力和思维能力都有了很大的飞跃。想想日后我的诗歌和小说创作，这都离不开妈妈当年这些用心的引导。

爸爸对我的教育就要苛刻很多,他给我买了很多书籍,督促我认真学习。如果我偷懒或者成绩退步了,爸爸就会严厉地批评我,让我认识到自己的不足。

虽然爸爸、妈妈的教育方式各有不同,但是他们都是我成长路上的指路人,对我性格和爱好的形成具有潜移默化的推动作用。

延伸阅读

音乐天才和大文豪的惺惺相惜

相信对贝多芬和歌德大家都不陌生,但是他俩之间又发生过什么样的故事呢?

贝多芬比歌德小二十一岁。他在青年时代就拜读过歌德的很多作品,深深地被歌德的才华和诗情所打动。

1811年,贝多芬给歌德写了一封信。在信中,他倾诉了自己对歌德的敬仰之情,并希望歌德能抽空给自己的创作提一些意见。歌德收到信后认真地回复了贝多芬,并将贝多芬谱写的曲子推荐给很有名的音乐厅。这给歌德和贝多芬的崇拜者带来了巨大的欢愉。

　　第二年的夏天，两人因工作关系，不约而同来到了同一座城市。歌德主动去找贝多芬，于是两位伟人有了第一次见面。歌德给予了贝多芬很高的评价："在我见过的艺术家当中，没有谁比他更专注、更有毅力和更诚挚可亲的了。"

　　两人的交往一直持续了很久，后期虽然有一些观点相悖的地方，但两位名人的惺惺相惜之情着实为人感叹。

忘 年 交

诗歌的神奇魔力
——雨果

法国人

浪漫主义作家

出生地：贝桑松

生活年代：1802年—1885年

主要成就：浪漫主义文学运动的代表作家，被人们称为"法兰西的莎士比亚"；共出版二十六卷诗歌、十二卷剧本、二十一卷哲理论著、二十卷小说；代表作有《巴黎圣母院》和《悲惨世界》

优点提炼：爱写作，爱诗歌，敢于争取和维护自己的权益

  我是从小就非常喜爱写作的雨果。妈妈对我的这一爱好非常支持。正因为有妈妈的支持和鼓励，我的写作才能从小就显露出了锋芒。

  有一年，著名的美文研究院组织"金百合花"诗歌征文大赛。我和妈妈既期盼又为之激动，但是正当我全力为参赛创作新诗歌的时候，妈妈却突然病倒了，而且好几天都处于昏迷状态。我的爸爸是一名军官，长年在外征战。妈妈这一下病倒对于年幼的我来说，就像是天塌下来了一般。

眼看着比赛日期一天天临近，我却没有心思创作出好的作品，只好把以前写过的自认为还不够好的一首诗歌《凡尔登贞女》送去参赛。

在经历了几天"炼狱"般的等待之后，妈妈终于从昏迷中醒来了。她睁开眼睛的第一句话就是询问我参加比赛的情况。我站在妈妈的病床前，吞吞吐吐地告诉了妈妈实情。

妈妈拉着我的手，轻声说："维克多，你不应该在困难面前退却。记住，永远都不要。我希望你能得到'金百合花'特别奖。你应该把你创作的最好的诗送去参赛。"

虽然妈妈的声音很虚弱，但字字都饱含着她深深的期望。我低着头，为难地说："但是，恐怕来不及了，明天就截稿了。"

"孩子，你今晚就写，还来得及。明天一早你念给我听，我的病就会很快好起来了。妈妈不喜欢遇到困难就退却的人。"妈妈的眼睛里散发着光彩，声调也随之提高了一点儿。

看着妈妈满怀信任的眼神，我不再犹豫，拿来纸笔，在妈妈的咳嗽声中不停地写着、改着，一夜之间就完成了一首一百二十行诗。

半个月后，这首连夜创作的诗没有辜负妈妈和我的期待，获得了

"金百合花"特别奖。同时，《凡尔登贞女》也被评为"金鸡冠花"奖。我的成功果然是治愈妈妈的良药，妈妈的病情奇迹般地好转了，我感到十分自豪。

初尝成功滋味的我，对诗歌的兴趣也更加浓厚起来。上学时，我连课余时间都利用起来写诗，可谓是十足的"诗歌迷"。可有时候也会事与愿违，遇到一些"拦路虎"。我的一位老师就不愿意让我把课余时间都花在写诗上。于是，他每天给我布置大量的拉丁文作业和数学作业。我每天做完作业，天就黑了。到了晚上，学监又会来监督我准时熄灯睡觉。这样一来，我就完全没有时间创作诗歌了。

有一天晚上，我心里痒痒的，多想写诗啊，可又不敢触犯校规。躺在床上，我翻来覆去睡不着，睁大眼睛凝望着窗外。窗外星光灿烂，夜色如水。我顿时诗意大发，智慧的火花在脑海中闪现，不时捕捉到美妙的诗句。就这样，我躺在床上创作出了一首完整的诗。之后，我又趁着夜色在心中反复推敲、修改。等到第二天天一亮，我就赶紧把这首诗写下来，记在笔记本上。

经过这次写作经历，我想：有美好的夜色和宁静的夜晚做伴，这可是琢磨诗句的大好时机啊！于是，每天入睡前，我都在想着新诗句。日积月累，我写出了大量的短诗、抒情诗、讽刺诗、寓言、童话及诗谜。我的书桌抽屉里，总藏着一大摞写满诗歌的笔记本。这些东西可是我的宝贝，每一首诗都凝聚着我的心血。每次离开教室时，我都会给抽屉上好锁,生怕它们会"不翼而飞"。

可有一天晚上,我突然发现书桌的锁被人撬开了,笔记本也一本都不见了。我看着空空的抽屉,脑子一片空白,都不知道该怎么办才好。

过了好一会儿,我慢慢回过神来,仔细地分析:学校有两个思想保守的人物,一个是校长高底埃,另一个是数学老师德高特。他俩都反对学生写诗,认为这是非分的举动。尤其是那个德高特,他会经常偷偷监视学生的行动。只要发现哪个学生稍有过失,他就会马上去校长那儿打小报告。这事肯定是这个让人讨厌的家伙干的!

第二天,我就被叫进了校长办公室。果然没有猜错,一进门我就看到我的笔记本全数摆在校长的办公桌上。高底埃和德高特正襟危坐,阴沉着脸。没等我开口,德高特就质问道:"学校规定学生不准写诗,

你居然还敢公然违抗？"

"可是谁又允许你撬我的锁？"我气愤地反问道。

德高特气得脸都绿了。他没想到我敢公然跟他顶嘴，便继续虚张声势地恐吓道："你难道想被学校开除吗？"

"把我的笔记本还给我！"我并没有被他的话吓到。一想到如果现在不争取，我心爱的诗歌也许就再也回不到我身边了，我顿时全身充满了勇气和力量。

高底埃和德高特面面相觑。虽然他们心中火冒三丈，但又不想把事情闹大了。最后，高底埃无可奈何地说："拿走你的笔记本吧！但是……"

他俩又讲了一套学生应当循规蹈矩的大道理。但是我仍然认为，学生写诗是没有错的。所以，我拿起桌上的笔记本，一言不发地离开了校长办公室。

这件事情之后，我对诗歌和写作的热情并没有丝毫减少，而是更加珍惜创作的机会，把更大的热情投入进诗歌和写作中。

延伸阅读

请看我的滑稽相

维克多·雨果二十岁时就因出版处女诗作《短歌行》一举成名。他成名后，各种各样的社交活动也越来越多。

有一次，他正赶着创作一部作品，时间十分紧迫。为了不受外来影响，他想了个绝招儿，把自己的头发和胡须分别剃去半边。遇到亲朋好友们过来拜访时，他就指指自己的滑稽模样，谢绝了所有的社交活动。就这样，等到须发长成之日，他的作品也就完成了。

用生命做实验的勇敢少年——焦耳

英国人

物理学家

出生地：曼彻斯特

生活年代：1818年—1889年

主要成就：发现焦耳定律

优点提炼：爱做实验，敢于尝试

　　我叫焦耳，出生在一个酿酒师家庭。我从小身体就不好，所以没有进学校读书，而是在家休养。虽然没机会上学，但我对书籍有一种天生的亲近感，并通过自学认识了很多字。我常常一边读书，一边跟着爸爸学习酿酒。这样日积月累，也学到了很多知识。

等到我长大一点儿的时候，在别人的介绍下，我认识了著名的化学家约翰·道尔顿。这位导师的成长经历跟我很相似。他因为家庭贫困，也没能正式进入学校学习，却最终自学成才。受到他的鼓舞，我也暗下决心，打算自学成才。

道尔顿不仅给了我学习的勇气和动力，更是手把手地教我数学、哲学和化学方面的知识，还经常带我做实验。那些实验让我真真切切地感受到了自然科学的魅力，并且沉迷于此一发而不可收。从那以后，我就把自己的全部热情都投入科学实验当中去了。

有一次，我和哥哥一起去郊外骑马游玩。当我正在思考动物受到剧烈刺激后会做出什么反应的问题时，哥哥的马发出了一声长嘶。我突发奇想：如果马受到电流的刺激，会有什么反应呢？这个问题在我头脑中盘旋着，像是有只猫爪在抓挠一样，令我迫切地想知道答案。

于是，我决定马上做这个实验。可是，要让马配合可不是那么容易的事情，得有个助手在旁边牵着它。我瞅了瞅旁边的哥哥，一脸讨好地向他说明了我的打算。刚开始，哥哥想都没想就一口回绝了："你疯了吗？怎么会想到做这样的实验？如果马发起怒来，伤到了你，那可怎么办啊？"

可是，这个实验对我来说非常重要。为了得到我所期待的实验结果，就算有点儿危险，我也不怕。最后，在我的极力怂恿下，哥哥还是不太情愿地加入了我的实验。

为了安全起见，我找来了一匹瘸腿的马。哥哥牵着马，我就悄悄躲在马后面，用电池将电流通到马身上。马受到电流刺激后，完全不受控制，狂跳起来。眼看着马的前蹄就要蹬踏到哥哥身上时，幸好他反应快，赶紧松开缰绳，从马蹄下跑开了。

我看到了马在受到电击后的反应，赶紧记录下来。虽然这样做把自己和哥哥置于危险的境地，但是看到实验的目的终于达到了，我还是挺开心的。

之后，我对实验的热情越来越浓厚。哥哥了解我的脾气，怕我单独行动会有危险，因此每次他都在我身边保驾护航。

有一次，我发现附近有一个湖泊，四面环山，环境优美。要是我朝着湖中心大喊一声，还可以听到悠长的回声。我突然又蹦出一个奇怪的念头：如果我在这里弄出很大的声响，能听到什么样的回声呢？

带着这个疑问，我准备了一支火枪和一些火药来到湖边。当然，这件事也少不了我亲爱的好哥哥的陪伴。

我和哥哥划船来到了湖面上，给枪膛塞满了火药，然后扣动扳机。"砰"的一声，枪口喷出一条长长的火龙，把我的眉毛都烧光了。哥哥也被这突发的响声吓得乱了方寸，差点儿从船上掉下去。

这次的实验真是糟透了！我为自己的莽撞和冒失有些后悔（这种危险的事情，大家可千万不要模仿哦），但是事已至此，还是赶紧回家吧！

就在我俩手忙脚乱想要打道回府的时候,天公不作美,空中突然乌云密布,雷电交加,紧接着就下起雨来。我们好不容易划到岸边,却突然发现每次闪电过后,要好一会儿才能听到轰隆的雷声。这又激起了我的好奇心:闪电和打雷是不是同时发生的呢?为什么我们总是先看到闪电后才听到雷声?闪电和雷声的间隔时间会有多长呢?

这些问题像磁石一般吸引着我。我顾不上回家,拉着哥哥爬上了大雨滂沱的山头。这里视野开阔,声音和光线都不受阻隔,正好可以进行监测。我掏出怀表,认真记录下每次闪电和打雷之间的时间间隔。没想到,这次失败的回声实验反倒促成了我的另一个实验的完成。

后来，我把记录的结果拿去向老师请教。老师认真地给我讲解了其中的道理。原来，这是因为光和声音的传播速度不一样造成的。其实，闪电和打雷是同时发生的，但因为光传播的速度比声音要快，所以，我们就先看到闪电，后听到雷声了。

经过这些实验，我对各种科学现象的研究更加痴迷了。我也深深地懂得：原来亲手进行尝试，才是学习知识最好的途径。

延伸阅读

不受外界影响的焦耳

焦耳对科学实验的追求从小就一直处于执着的状态。这种状态在他成年后也没发生改变。

焦耳二十四岁时把爸爸的一间房子改成了实验室，开始进行通电导体放热问题的研究。经过大量的实验和数据分析，他得出了一个结论：电流通过导体时产生的热量跟电流的平方成正比，跟导体的电阻成正比，跟通电的时间成正比。根据这个结论，焦耳写成了一篇观点很新颖的论文，发表在英国的《哲学杂志》上。

可当时的学术权威们却并不认同焦耳的结论。他们认为焦耳只是一个酿酒师,又没有大学文凭,得出的结论是不可信的。

追求真理的焦耳并不理会外界的评判,仍旧继续着自己的科研工作。好在那篇论文在一年后终于得到了重视,后来人们把他提出的观点称为"焦耳定律"。

成功的缔造者
——亚历山德丽娜·维多利亚

政治家　英国人

出生地：伦敦肯辛顿宫

生活年代：1819年—1901年

主要成就：她的名字象征着一个时代；在维多利亚统治期间，英国国民空前团结，英国成为一个强大的帝国，被称为"日不落帝国"

优点提炼：作风严谨，王者风范

我叫亚历山德丽娜·维多利亚，后来人们都称我为维多利亚女王。1819年，我出生于英国伦敦的肯辛顿宫。我的爸爸是爱德华王子，曾被封为肯特公爵，妈妈是德国公主。我还有一个同母异父的姐姐叫弗奥多拉。

虽然贵为皇室成员，但我的童年可称不上无忧无虑。当我还是八个月大的婴儿时，爸爸患了肺病撒手人寰。

我的妈妈是一个坚强勇敢的女人，她顶着巨大的社会压力，执着地继承了我爸爸的事业。虽然生活困窘，但她一心想要把我抚养成完美的英国公主，为我制订了周密严苛的培养计划。

妈妈对我的要求非常严格，每天给我安排了不同的课程。她邀请汉诺威一位牧师的女儿费洛珍·莱恩小姐做我的启蒙教师，让她教我识字、骑马、欣赏歌剧，给我灌输各种新思想；邀请施巴特男爵夫人教我手工技巧；请泰格莉尼教我仪容仪态……每次上课都由诺瑟姆伯兰公爵夫人监督。

我自小便与其他儿童隔绝，不许和别人说话，每个行为都要严格遵守贵族的规定和要求，就连玩耍也不例外。

记得那是一个安静的下午，我像往常一样按着妈妈的日程编排完成了知识、手工、礼仪等课程。见时间还早，妈妈不在身边，连监督的公爵夫人也不在，于是，我就跑到卧室把所有的布娃娃全搬了出来，让它们陪我玩过家家。

终于可以摆脱严密的监督了，我心里美滋滋的，一个人玩得不亦乐乎，完全忘记了贵族该有的仪态。

突然，一个严厉的声音在我耳旁响起："你在干什么？"

"啊……"我循声望去，只见门口站着一个满脸怒气的女人。是妈妈！我差点儿惊呼起来，忐忑不安的心提到了嗓子眼儿。

"诺瑟姆伯兰公爵夫人去哪里了？"妈妈大吼起来。不一会儿，诺瑟姆伯兰公爵夫人飞奔过来，听候妈妈的吩咐。

"去，把这些布娃娃收拾整理一下，穿戴整齐登记造册。然后叫工匠做个箱架过来，把所有的娃娃贴好名字，分类放到指定的位置。"妈妈这样吩咐诺瑟姆伯兰公爵夫人。夫人唯唯诺诺地领着人忙去了。

此时我委屈得要命，眼泪差点儿掉下来。眼看着心爱的玩具就要被没收了，我却无能为力。不，我不想这样！于是我捡起地上最漂亮的那个布娃娃，紧紧地抱在怀里，不让她们把它抢走。突然，我感觉有人使劲扯我手中的娃娃，抬眼一看，那人不是别人，正是妈妈。我可怜巴巴地望着妈妈，多么希望她可怜我，不要没收我的玩具。可妈妈根本不为所动，硬生生将我手中的"宝贝"扯走了。我的眼泪终于忍不住掉了下来。

见我哭了，妈妈改变了态度。她把我拉到她的怀中，用双手抚摩着我的脸颊，温柔地说："妈妈知道你很喜欢玩布娃娃，但是你不能这样随意任性，没收这些娃娃正是对你的惩罚，你明白吗？"

"嗯……"我死盯着地上的娃娃，手不停地扯着衣角。

"其实，妈妈以后可以让你玩这些布娃娃……"妈妈突然出人意料地说。

我抬头疑惑地看着她,想弄明白妈妈这是什么用意。

"不过有个条件,你不能像今天这样把布娃娃乱放乱丢。我只允许你每天玩一个娃娃,玩完后你必须把它放回指定的位置。比如这是鲍比,那是珍妮,不能乱丢乱扔,更不能把名字和位置搞混。作为一个贵族,做什么事情都要有条不紊,明白吗?"妈妈一脸严肃地说着,完全不顾我渐渐暗下去的目光。

小小年纪的我,当时无法理解生活为何要如此循规蹈矩、按部就班,为何任何规则都不得逾越半步。

这个困惑一直伴随着我,并让我痛苦不堪。我只好用写日记来排解内心的忧郁。我认真地记录下每天不同的生活，开心地骑马，好看的歌剧，或是随意翻看的经书和诗歌，抑或是牧师的说教、莱恩小姐的娓娓言谈……日记让我找到了心灵的寄托。

后来，我慢慢长大，也慢慢明白了妈妈的良苦用心。她是想让我尽可能地做好身居高位的准备，而我对自己的特殊地位也有了某种微妙的体悟。

记得有一次，一位将军的女儿来到肯辛顿宫和我一起做游戏。她随意拿起我的布娃娃来玩，在我看来，这种做法显得太随便了，于是严肃地告诫她："那是我的玩具，你不许碰它们！即使征得了我的同意，你玩完之后，也要将它放回到原来的位置！"

听到我有些咄咄逼人的警告，对方有些难为情，胆怯地回答："好的，维多利亚……"

"另外，我还要申明一下，我可以叫你名字，但你不许叫我维多利亚！"

"是，公主殿下！"

之后，这位将军的女儿再也没有直呼过我的本名。

不知不觉中，我已经"修炼"成了一个高贵的公主，除了在同龄人面前派头十足，就算是在当时的国王乔治四世面前，我也是不卑不亢。

一次，国王带我出游，马车在弗吉尼亚湖边停下来，一艘游船正满载着绅士淑女们缓缓驶过，另一艘游艇上有一支乐队正欢快地演奏着。

国王和蔼的目光落在我的身上，饶有兴致地问我："你喜欢什么乐曲？"

"《天佑吾王》，陛下。"我回答。

大家都为我机智的回答感到惊讶。要知道，《天佑吾王》可是当时英国的国歌。不得不承认，打小起，我的气质中就包含一种王者的风范！

随着年纪的增长，我已经完全适应了贵族的生活，对那些冗长烦琐的宫廷礼仪和行为禁忌，从排斥到接受，再到利用它们为自己树立威望。就这样，我逐步成长为一个才华横溢、富有责任心、能真正挑起重担的领导者。

延伸阅读

维多利亚时代

维多利亚女王是英国历史上在位时间第二长的君主，在位时间长达六十四年。她在位的六十四年间，是英国最强盛的所谓"日不落帝国"时期，历史上称之为"维多利亚时代"。

由于具有良好的物质基础，维多利亚时代涌现出了许多伟大的作家、诗人，留下了他们的传世之作。如英国女作家夏洛蒂·勃朗特就有《简·爱》问世，著名现实主义小说家查尔斯·狄更斯写成了《雾都孤儿》，等等。维多利亚时代以崇尚道德修养和谦虚礼貌著称，也是一个科学、文化和工业都得到很大发展的繁荣昌盛的太平盛世。

气质比美貌重要！

小小冒险家——凡尔纳

小说家、剧作家、诗人

法国人

出生地：南特

生活年代：1828年—1905年

主要成就：现代科幻小说的重要开创者之一，一生写了六十多部科幻小说，总标题为《奇异的旅行》，主要作品有《格兰特船长的儿女》《海底两万里》《神秘岛》《气球上的五星期》《八十天环游地球》等

优点提炼：想象力丰富，敢于冒险

我是在菲多岛上长大的。菲多岛不大，长长的，像是一艘正在航行的石船。我经常站在"船头"，把自己想象成一个真正的船长，指挥着石船与身边划过的渔船和盐船齐头并进！可惜，当我的幻觉消失

之后，看到一切都原地没动，心中总是充满了惆怅。

我的启蒙教师是桑宾太太。她的丈夫在一次远航中失去了音信，是死是活没人知道。桑宾太太除了教我识字读书，还常常给我讲述辛巴达航海和鲁滨孙漂流冒险的故事。我的姨夫是个画家，曾经到过印度和北美洲进行探险。我的舅舅是个旅行家，曾经周游大半个世界。他们的奇异经历和所讲述的遥远国度的异国风情，深深吸引了我。我多么希望自己能乘船出海，去体验英勇顽强的冒险经历，去探索大自然蕴藏的奥秘啊！不过我知道，我这个梦想很难实现——因为爸爸一心希望我继承他的事业，当一名律师。

有一次，我捡到一个褪了色的本子。这是一位叫皮埃尔·勒凯尔的护卫舰舰长的航海日记。这本日记残缺不全，内容也杂乱无章，我却

心醉神迷地一连读了好几小时。当我读到最后一页时，发现上面有斑斑点点的血迹。这艘护卫舰上究竟发生了怎样惨烈的战斗呢？为了亲自体验一下海上战斗的情景，我背着家人租了一条小船，跟弟弟保尔在河里玩起了打仗的游戏。可是，这种租金为每天一法郎的小船，只能在内河里游荡，一点儿也不过瘾。大海对我的诱惑变得越来越强烈了！

在我十一岁那年，机会终于来了。那年夏天，我得到一个确切消息，一艘名叫"科拉利亚"号的远洋船准备开往印度。印度的壮丽山河、航行过程中的种种冒险和一路所见的异国风情……我的心被这一切紧紧揪住了，恨不得马上成为一个见习水手去闯荡世界。

我心里明白，这不是一件容易的事。第一，船长不会同意一个十一岁的孩子当见习水手；第二，爸爸和妈妈也肯定不会同意让我出海冒险。尽管困难重重，但是只要有百分之一的希望，我就会付出百分之百的努力。

我先联系了一个比我大几岁的孩子。他刚刚和"科拉利亚"号远洋船的船主签了一份合同，在船上当少年见习水手。我找到他，直截了当地跟他说，希望他出让聘用合同，让我冒名顶替他上船当水手。

那个少年见习水手为难地说："我很珍惜这次出海旅行的机会。所以，实在抱歉，我……"

没等他说完，我抢着说："这次你让给我，以后还有机会呀！并且，我会给你一定的报酬作为补偿的。"

听说可以得到一笔钱，他的语气变了："既然是这样的话，我可以考虑。"

接着，我和他就报酬问题讨价还价，最后终于达成了协议。

第一步算是成功了，可是我怎么才能顺利顶替他呢？在什么地方、采取什么方式上船，才不至于引起船长的注意呢？

那个少年见习水手想出了一个主意："出发那天，我先到船上去报到。然后我找两个朋友，用小舢板把你送到船跟前。趁着开船前比较混乱的时候，你把我替换下来。"我非常赞成这个绝妙的办法。

"科拉利亚"号远洋船预定起航的日子到了。那天早晨六点钟，我偷偷溜出家门，到了碰头地点格雷努耶尔水道。早就等在那里的两名小水手让我登上舢板，向远洋船划去。一切都进行得很顺利，趁着起航前的忙乱之际，我神不知鬼不觉地登上了船，把那个少年见习水手替换了下来。

远洋船出发了，距离菲多岛越来越远。傍晚时分，远洋船停靠在潘伯夫，第二天就要驶向大西洋了。眼看就要见到朝思暮想的海洋，我的心里甭提多激动啦！当天晚上，我美美地睡了一觉，还做了一个梦。可是等我再次睁开眼的时候，出现在眼前的竟然是爸爸！

原来，妈妈起床以后没有见到我，起初还以为我一大早出去玩了，也没有特别在意。后来，她问遍家里所有的人，谁也不知道我的下落，这才担心起来。中午过后，还是没有见到我的人影。妈妈猜想我肯定出了什么事，连忙请求住在邻近的一位上校骑马去通知爸爸。爸爸几经周折，终于打听到我跑到开往印度的"科拉利亚"号远洋船上去了。他赶紧搭上一艘火轮船，连夜赶到"科拉利亚"号停靠的潘伯夫……

我就这样被爸爸抓了回来。爸爸狠狠地骂了我一顿，并把我关了起来。我对妈妈保证："我再也不去海外旅行了，除非是在梦里……"我没有食言，真的再也没有出去旅行过。但我并不觉得遗憾，因为我在以后的幻想中完成了一次又一次奇异的旅行。

延伸阅读

十五封退稿信

1863年冬天的一个上午，凡尔纳听到一阵敲门声。他开门一看，原来是一个邮递员。邮递员把一包鼓鼓囊囊的邮件递到凡尔纳手里。

一看到这样的邮件，凡尔纳就预感到事情有些不妙。自从他几个月前把自己的第一部科幻小说《气球上的五星期》寄到各出版社后，已经第十四次收到这样的邮件了。

他怀着忐忑不安的心情拆开邮件一看，果然是一封退稿信。

每次看到这样的退稿信，他的心里都一阵绞痛。这次是第十五次了，还是没有被采用。

那些出版社的贵族老爷们，他们根本就看不起无名作者！我再也不写稿子了！想到这里，凡尔纳怒火中烧，拿起手稿向壁炉走去，准备把这些稿子付之一炬。

他的妻子急忙赶过来，一把抢过手稿，紧紧抱在胸前。凡尔纳余怒未息，还想夺过稿子再烧。他的妻子安慰道："亲爱的，再试一次吧，也许下次能交上好运呢。"听了这句话以后，凡尔纳沉默了好一会儿，终于接受了妻子的劝告。

妻子的劝告这次没有落空。第十六家出版社的编辑读完手稿后，立即决定出版这部小说，并与凡尔纳签订了二十年的出书合同。

啊！又被退稿子了！

以爸爸为榜样
——福泽谕吉

思想家、教育家

日本人

出生地：大阪

生活年代：1835年—1901年

主要成就：毕生从事著述和教育活动，形成了富有启蒙意义的教育思想，对日本资本主义的发展起了巨大的推动作用，被称为"日本近代教育之父"

优点提炼：热爱劳动，有错就改

　　我本来生活在一个快乐幸福的家庭，但不幸的是，在我还不到两岁的时候，爸爸就过早地去世了。妈妈没有能力独自抚养我和哥哥姐姐们，不得不带着我们几个回到了老家中津。

由于老家的语言风俗和我们以前生活的大阪不一样，我们和老家的小伙伴们有些隔阂，过得并不开心。妈妈靠纺纱维持一家人的生活，日子过得寂寞穷苦。刚开始的时候，她的手艺不熟练，抽理出来的丝线常常遭到顾客的抱怨。经过五六年的磨炼，她的技术好多了，收入才渐渐稳定了下来。

我七八岁的时候，妈妈打算让我跟哥哥姐姐一同到汉学堂念书。可是我不喜欢读书，反倒对纺织颇有兴趣，很快掌握了抽丝剥茧的诀窍，成了妈妈的小帮手。这样一来，妈妈也就不再逼迫我去念书了，暂时把我留在身边帮忙。

由于爸爸去世的时候我还太小，对爸爸没什么印象，所以就特别想知道关于爸爸的一些事情。我好几次央求哥哥姐姐给我讲爸爸的生前往事，可是他们知道得也不多，讲不出来。我帮妈妈纺纱的时候，她有时候聊天儿会聊到爸爸。我趁机问道："妈妈，爸爸是个怎样的人？"

"你爸爸是个很有学问的人，汉语修养很高。你出生的时候，他正在读中国清朝的《上谕条例》，所以就给你起名叫谕吉。"这是我第一次听到关于自己名字的由来，不禁点了点头。

妈妈又说："你爸爸还是个中规中矩的人。他原来是大阪岛中津藩担任管理仓库的下级武士。当时藩的收入来自农民缴纳的米粮，而一个藩通常有一千五百多个武士，大家平均分享米粮。所以，只要农民的收成不好，武士们就得过苦日子了。偏偏有好长一段时间，农民的收成很差，你爸爸的收入也只剩下十几石米粮，只够养活两个人。"

"可是咱们家连爸爸一共有七个人啊！"我着急地说。

"不是七个，是八个，还有一个用人。你小时候她还常常背着你玩呢！直到咱们搬回中津，她才离开。"

"咱们自己都快没饭吃了，为什么还要请用人呢？"我不解地问。

"她本来是个小乞丐。你爸爸看她年纪这么小就流浪街头，怪可怜的，就留她住在家里打杂，每天供她饭吃。"

"爸爸真是个大好人啊！"我钦佩地说。

"是啊！咱们家虽然穷，可你爸爸却穷得光明磊落，从不占别人的便宜。"

说到这里，妈妈突然停了下来。她盯着屋顶想了好一会儿，给我讲了一个爸爸的故事——有一次，爸爸从外头回来，突然问用人："我放在桌上的那串钱，是谁拿走了？"

"我买鱼花掉啦！"用人说。

"什么？花掉啦？那串钱不到一百枚，只有九十八枚，怎么能拿出去用呢？你快告诉我，鱼贩在哪里，我一定要把那串钱追回来。不然太对不起那个鱼贩了。"

"那个卖鱼的是个流动摊贩，谁知道他现在在哪里？主人，我看算了吧！他也没有闲工夫一个一个去数的。"

爸爸听到用人这句话，很生气地说："他会不会数是他的事，做人诚实是我的事。我总不能因为别人不知道，就纵容自己做一些不光明的事吧？况且，一百枚一文钱串成的串钱能够在市面上流通，完全靠大家彼此信任。如果有人不在乎串钱少了两三枚，就拿出去买卖、交易，那不是存心破坏信用吗？这件事，错不在你，我不怪你。不过，那串钱非追回来不可。"

爸爸专门雇人四处寻找，找了三天才找到那位鱼贩。他当场交给鱼贩十文钱，比缺少的还多出了八文呢！后来，左右邻居知道这件事以后，都称赞爸爸是个顶天立地的正人君子。

听妈妈讲完这个故事，我自豪地拍着胸膛说："爸爸真了不起！我将来也要做一个像爸爸那样的人。"

过了两小时，我捧了一箱纺好的纱放到妈妈面前，说："妈妈，您检查一下,这一箱已经完成了。"

妈妈接过箱子,一卷纱一卷纱地仔细检查。最后,她挑出两卷说:"你看,这两卷打结了。你拿回去重新抽理。"

我揉着酸痛的肩膀,犹豫了一下,说:"妈妈,何必这么费事呢?我们交货的时候,把这两卷藏在最底下,他们肯定不会发现的。"

妈妈听了,脸色一变,生气地说:"你爸爸守信用找回串钱的事,不是刚跟你说过吗?你怎么这么快就忘啦?!再说,用人是不知情才犯错的,可以原谅。而你却明知故犯,实在是太过分了。我不处罚你,你自己处罚自己吧!"说完,妈妈不再理睬我,转身到厨房煮饭去了。

我的脸上火辣辣的,羞愧万分。这天晚上,我没有吃晚饭,重新抽理那两卷有瑕疵的纱,一直干到了半夜。

延伸阅读

偷抄筑城书

有一次,福泽谕吉去拜访家老(职位名,仅次于藩主)的儿子奥平一歧。闲谈的时候,奥平一歧拿出一本书给他看,说:"这本书是我从长崎买回来的,是荷兰新出版的筑城书。"

福泽谕吉翻了翻，发现果然是一本难得一见的好书。他想仔细研读这本书，怕主人嫌时间长不借；自己买，又买不起。最后他想出一个主意，打算把这本书手抄下来，以后仔细研读。他试探着问："这的确是一本好书，一下子恐怕不能读完。但我很想看看，哪怕是看看插图和目录也好。请借给我四五天可以吗？"

主人满口答应了。于是他把书拿回家，立即准备好笔、墨、纸张，照原书从头抄起。当时他的工作是看守城门，每隔两三天轮班一次，值勤一昼夜。平时休息时，他躲在家里，任何客人也不见，昼夜抄写。轮到他值班时，白天他就停止抄写，认真值勤；晚上等城门关闭后，他又把抄稿拿出来，一直抄到第二天早晨开城门时为止，几乎一整夜不合眼。五天过去了，他终于抄完了那本书，书的附图也照样画了下来。

按照约定的日子，他假装没事似的来到奥平一歧家，把书还给主人，并一再对主人表示感谢。奥平一歧对他一点儿也没有怀疑。

老实的"独行侠"
——甘地

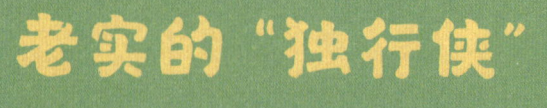

印度人

民族解放运动领导人、国民大会党领袖

出生地：博尔本德尔

生活年代：1869年—1948年

主要成就：发起和领导了声势浩大的"非暴力不合作"运动，促使印度摆脱了英国的殖民统治；在印度被尊称为"圣雄""国家的父亲"

优点提炼：诚实谦逊，坚持真理

我叫甘地，1869年在印度的博尔本德尔出生，七岁那年随父母到了拉奇科特。我很幸运拥有一个幸福美满的家庭。我父亲是拉奇科特的首相，为人公正廉洁，乐于助人，在当地很有威信。我母亲是一位典型的家庭主妇，十分温柔慈祥，也很疼爱我们。虽然家里兄弟姐妹众多，大家相处得却很融洽。

父母并不因我是家中最小的孩子就溺爱我，也不因我智力普通、长相平平而忽略我，他们给予我同等的关爱。在这样民主的氛围中长大，我谦虚有礼貌，乐观而独立。

但是，我在学校就不那么受重视了。我是在博尔本德尔入的学，七岁那年搬到拉奇科特接着读小学，后来又转到郊区一所小学。这样的转学生活一直持续到初中阶段。

我不算一个聪明的学生，成绩一般，而且内向害羞，不爱说话，老师和同学都对我没有什么深刻的印象。提起我的名字，大家摸着脑袋想半天，也许只能想到一个词："老实"。"诚实做人"是父母从小教导我的，也是我努力践行的。

确实，我是一个老实本分的孩子。我敢发誓，我对同学从没说过一句谎话，甚至哪怕是一句玩笑话。我对老师更是有一种天生的敬畏。教过我的老师都不会注意我这个不起眼儿的学生，他们有些人连我的名字都叫不上来。但我对他们却记忆深刻。我经常躲在角落里，偷偷地观察他们。他们长什么样、有什么特征、性格如何……我都记得清清楚楚。

每天我都早早地到校，一放学就回家，甚至跑着回去，生怕有人突然拉着我说话。同学都觉得我这人很奇怪，认为我不合群，也很少拉我一起玩耍。因此我成了大家眼中的"独行侠"。

在学校的大部分时间，我都花在书本和功课上。尽管如此，我的成绩并不拔尖儿，这更加引来同学们对我"笨得可以"的嘲笑。我对这些并不在意，因为我深知自己虽然平凡普通，却真诚实在。这就是真正的自我、可贵的自我。

记得初中一年级时，有一个督学到我们学校来视察。这次视察非常重要，关系到学校的荣耀和教学质量。老师老早就提醒我们要慎重行事，做足功课，以最好的准备迎接这次视察。

重要的日子终于到了。我像往常一样很早就到校了。这天阳光格外灿烂，学校异常整洁，还挂了欢迎督学的标语。这些小细节无时无刻不提醒着我，这是一个特殊的日子，要格外注意，不要出错。

可这种大张旗鼓的氛围让我越想越紧张，我的心里就像揣了只小兔子似的"怦怦怦"地跳个不停。我生来胆小，平时上课连举手发言都不敢，督学来视察时，我就更加不会出风头了，低调最安全。

可万万没想到，我怕什么就来什么。督学偏偏选择了一向沉默寡言、在角落里静静看书的我作为考察对象之一，要我参与默写。

我惊讶又紧张地步入考核区，就见五个座位围成了一圈，督学严肃地站在正中间。我和其他四个同学挨个儿坐好。看他们的脸上还挂着笑容，信心满满，只有我低着头忐忑不安，这让老师也跟着捏了一把汗。

这次考核是默写五个单词，从易到难。督学一一念出，前面四个我都顺利默写出来了，不禁暗暗高兴，心想只要写完督学念的最后一个单词，就可以回到自己的座位上去了。

"锅——"一个铿锵有力的单词从督学口中蹦出。糟了，我一下没反应过来，没有动笔。我偷偷瞟了一下四周，身边的四个同学已经开始奋笔疾书了，老师也焦急地朝我递眼色，示意我赶快写。我慌了神，不知该怎么办。"锅——"督学以更响亮的声音重复着。这下我听清楚了，但是由于太紧张，平时记得牢牢的单词突然就忘得干干净净了。我勉强写了几笔，明显感觉不对，于是涂涂改改了好几次，还是不知道该怎么写。

正当我紧张万分的时候，老师悄悄走到我身旁，用脚尖轻轻蹭了我一下，又望了旁边一眼，然后便狠狠地盯着我。他那严厉的目光让我望而生畏。但是我明白，老师这是在暗示我偷看身边同学的答案！这时，我的心里发出一个声音——不可以。我以我的人格担保，绝对不能那样做。我努力地回忆着"锅"字的拼写，将信将疑地写上了自己的答案。最后评判时，其他四个同学全对，拿了满分。而我因为最后一个单词的拼写失误，只拿了八十分。

"这位小同学学习要加油啊！"督学语重心长地对我说。没有为学校和老师争光，我感到非常难过和内疚。

督学离开学校后，老师当着全班同学的面严厉地批评了我："甘地同学，你怎么这么愚笨迟钝！自己想不出来就算了，我还特地暗示你可以抄袭身边的同学。你居然无动于衷。真拿你没办法！你知道这次视察有多重要吗？"

因为我出了差错，同学们也都用鄙夷的目光望着我。我感觉脸上火辣辣的。尽管羞愧，但我一点儿也不后悔自己的所作所为。要是遵从老师的暗示而得到荣誉的话，我心里会更不好受。我宁愿展示自己的真实水平被人耻笑，也绝不抄袭！

我相信诚实是种美德，是不变的真理，更不能因为别人不理解就放弃这种美德。它不会因不被理解而黯然失色，因为它本身就具有强大的力量，让我明白什么是对，什么是错。

延伸阅读

答应别人的事情就一定要做到

甘地在世人心中是个大英雄,而在他的孩子眼里,他却是个非常严厉的父亲。

有一次家庭聚会中,甘地的同事让甘地十三岁的儿子去他们的办公室拿一本书。甘地家和办公室两地差不多相距三公里。

还不快去!

甘地的儿子答应了，但是由于贪玩，很快就忘了这事。过了一会儿，等到同事看到他问起时，小家伙才想起来。

甘地把儿子叫到跟前，对他说："孩子，我知道，现在天黑了，路又远。但是，你答应别人的事情就一定要做到。你现在赶紧去把书拿回来！"

家人知道甘地的这个要求后都十分担心，一个小孩子深夜独自走这么远的路，太不安全了。何况这本书还不是特别急用，明天取也来得及啊！但全家没有一个人站出来反对。因为大家都知道，甘地一旦做出决定，就没人能改变。

为爸爸打工
——希尔顿

出生地：新墨西哥州

生活年代：1887年—1979年

主要成就：1925年创立希尔顿旅店，在八十多年的时间里扩展到一百多家分店，成为全球最大规模的饭店之一

优点提炼：肯于吃苦，头脑灵活

企业家　美国人

　　我爸爸有一大片农场，还经营着一家商店。

　　一天早晨，太阳才刚刚升起，爸爸手里拿着一个比我高出两倍的扫帚，站在房门口对我说："你以后可以到牲畜栏工作了。"从那以后，我拥有了第一份工作，就是在爸爸的农场或商店里帮忙，一个月挣五

元钱。当时，我还没有上学呢。

上学之后，我还是利用课余时间给爸爸打工。每天下午放学后，我总是赶紧回家，帮爸爸将农场里的青菜、玉米采摘以后，就像送信的邮差一样沿街挨户叫卖。如果运气不好，绕完一圈还卖不完，妈妈会及时地出现在门口，说她做饭正好需要那么多菜。

在我十二岁那年，爸爸送我到高斯军事学校去读书。第二年，他又把我送到新墨西哥军事学校去读书。在学校里，我对数学产生了浓厚的兴趣，还学到了一条宝贵的经验教训："君子必须诚实，撒谎是一种耻辱。"从那以后，我学会了诚实待人。虽然有时为了信守这个原则，要损失些小利，但我坚信获得的好处会更多。

暑假期间，我继续为爸爸打工，工资调整为每月十元。当然，工资加倍，工作量也就加倍了。有一天，店里来了一位西班牙老太太。爸爸悄悄对我说："她是个难缠的顾客。你好好去应付，小心别让她用邮票的价钱买去一口棺材。"然后，他就回避了。

老太太拿起一双鞋子，翻来覆去地看了好几遍。货品本身确实无懈可击。老太太问过价钱后，好戏开始了。

她虚张声势地大骂道："不知羞耻的贼骨头！这是什么鞋子？居然要这么高的价钱。"她边说边抓紧了她的花边围巾，好像我会抢去似的。

我静静地等她说完，笑着说："您花的每一分钱都是值得的。"

她继续用发抖的手指着我骂道："这种鞋要这么高的价钱，简直是丧尽天良！"

我仍旧笑呵呵地说："那么，您觉得花多少钱得到这双鞋才算公平呢？"

她的口气依旧很硬："反正不值那么多钱，你必须再降一点儿。"

我知道，现在该适当把价钱降一点儿了。"我看得出来，您的确需要一双鞋。这样吧，看在您这么大年纪的分儿上，我让您十分钱。"

便宜了十分钱，使老太太的态度缓和了一点儿。可她还不满足，竟让我再降一点儿。这次我丝毫没有让步。她边哭边指责我，说我不该这么对待一位可怜的老人。我面带微笑，可就是不松口，坚定地维持刚刚讲好的价格。我感到这场讨价还价的好戏快近尾声了。

果然，她突然使劲吼了声："该死的！"

在我听来，这句"该死的"更像是对我的赞美。就在这时，我又主动让了她五分钱。她先是吃了一惊，接着喜笑颜开，付过钱后拿着称心的鞋高高兴兴地走了。

事后，爸爸夸奖我当时的表现像个生意人，更像个绅士。为了奖励我在这次讨价还价中的出色表现，爸爸居然把我的工资调整为十五元钱一个月。

后来，爸爸又让我自己外出办货，这说明他对我的办事能力已经完全放心了。我到了那些西班牙贵族的牧场中，和他们唠唠家常，谈谈天气，参观参观农场，共同喝几杯酒，然后开始交易。虽然彼此也会毫不留情地讨价还价，但是最终的结果总是皆大欢喜。我的经验越积累越足，胆子也越练越大，很快就成了一个出色的生意人。爸爸更加相信，我就是他的接班人。

然而，就在我家的生意日益红火的时候，经济危机爆发了。为了摆脱危机，爸爸把货物处理掉，关闭了商店，到镇上开了一家只有五个房间的小旅馆。我的主要工作是到火车站去等车接客人。听起来这好像是个很轻松的工作，实际上却苦不堪言。车站每天只有三班车，但安排的时间却好像存心整我似的，一班在中午，一班在午夜，另一班在凌晨三点。我每天夜里要从被窝里爬起来两次。

有一年冬天的夜里，我忙活了一天，又拖着疲乏的身子去接火车上下来的客人。在路上走着走着，困意袭来，我竟然迷迷糊糊地打起了盹儿。突然，我一脚踩空，掉到了小桥下面。幸亏水面上结冰，人掉下去，把冰面砸了个窟窿，只湿了裤管和靴子。我爬起来，冰凉的裤子和靴子被风一吹，冷得好像一层冰裹在身上。即使这样，我也没有跑回家，而是照常去接凌晨三点的火车。除了火车接站的工作之外，我还要做其他杂务，如照顾客人吃饭，替客人喂马、洗车等，每天睡觉的时间从不超过五小时。

我坚信，这种痛苦的生活体验，将有助于我在以后的日子里经受住更大的失败和挫折。

延伸阅读

"旅店大王"的第一家店

1919年，希尔顿来到因发现石油而日渐兴盛起来的得克萨斯州，打算收购一家银行，当一名银行家。可因为卖主出尔反尔，希尔顿彻底放弃了当银行家的念头。

碰壁之后，余怒未消的希尔顿来到一家名为"莫布利"的旅店准备投宿，却因为客满吃了"闭门羹"。柜台后面一位板着脸的先生毫不客气地对希尔顿说："请你八小时后再来碰碰运气，看有没有腾出来的床位。我们这里是每天二十四小时做三轮生意的。"

希尔顿憋了一肚子气，忽然灵机一动问道："您是这家旅店的主人吗？"

对方看了他一眼，随即诉起苦来："是的。我陷在这里不能自拔了。我赚不到什么钱，还不如抽资金到油田去赚更多的钱呢。任何人出五万美元，就可以拥有这里的一切。"旅店老板似乎下定了卖店的决心。

三小时后，希尔顿仔细查阅了莫布利旅店的账簿。又经过一番讨价还价，老板最后同意以四万美元出售。

从此，希尔顿干起了旅店业，并最终发展成为世界闻名的"旅店大王"。

"穷"养的男子汉——艾森豪威尔

出生地：得克萨斯州丹尼森市

生活年代：1890年—1969年

主要成就：曾指挥西西里战役、诺曼底战役，获陆军杰出服役勋章五枚以及法国荣誉军团勋章；当选并连任美国总统，两度荣获《时代》周刊"年度风云人物"

优点提炼：具有敢于向强者挑战的好胜心和战胜困难的坚强意志力

政治家、军事家

美国人

1890年10月的一个深夜，在美国得克萨斯州一间简陋的小木屋里，灯火通明，屋里的人一片忙碌，正在迎接一个新生命的到来。门外，一个年轻人在焦急地踱来踱去。过了一会儿，木门打开了，医生探出头来高兴地说:"恭喜你,先生!你的第三个儿子出生了!"年轻人冲到小木屋里,迫不及待地抱起那个刚刚出生的瘦弱婴儿,脸上洋溢着幸福的表情。

这个年轻人就是我的爸爸。而这个刚出生的小不点儿就是我。我刚出生时显得非常娇小瘦弱,爸爸很是心疼。但他没有料到的是,在我小小的身体里,其实蕴藏着巨大的力量。在之后的成长中,无论遇到多大的困难和挫折,我都没有停止过前进的脚步。

爸爸是跟着爷爷从德国移民过来的,本来是想实现自己的"美国梦",结果刚好碰上美国经济衰退,很快就破产了。现在,他只能在农场里努力工作,靠着微薄的收入来养家。

虽然家徒四壁,但是我妈妈的性格却是活泼开朗、乐观热情的。她的激情总是感染着我们,给全家人带来无穷的快乐。

记得很小的时候,家里一直摆着一架钢琴,这在我们这样的家庭里简直就是奢侈品。可是妈妈在艰难的环境下,仍然保持着优雅的心态,每天弹奏曲子给我们听。因此,我们几个孩子每天都在这个狭小的空间里快乐嬉戏,好像丝毫感觉不到忧愁的滋味。

后来,因为爸爸的努力工作、妈妈的勤俭持家,以及我们这些孩子渐渐长大,在农场里也能干一些力所能及的活儿,家里的生活状况终于有所改善。

虽然环境很艰苦,但是我始终保持着对生活的热情。打小时候起,我就是个"问题制造者",一方面是因为争强好胜,常常惹是生非,给爸爸妈妈添麻烦;另一方面是出于对事物的好奇——我特别喜欢打破砂锅问到底。

有一次,我和几个小伙伴在家附近的小花园里玩耍。正值春天,各种鲜艳的花朵争先绽放,争奇斗艳,好不绚丽。暖暖的和风中,小花园里变得春意盎然。小伙伴们在园子里又是跑,又是跳,有人还骑在树枝上欢快地摇晃着。

后来,我发现树上的花瓣都被小伙伴们摇晃下来了,掉得满地都是,还有几个孩子正在花丛里疯狂地蹦跳踩踏,我心想:多美的花儿啊,就这么被人践踏了,好可惜!我心疼得要命,觉得他们太过分了。

于是,我对着花丛里的几个小伙伴大声喊道:"嘿,听着,都给

我停下来！你们把花儿弄疼了，它们掉在地上正哭泣呢！"

"得了吧，小屁孩儿。你怎么知道花儿哭了呢，你哭一个给我们看看呀？！"一个小伙伴做着鬼脸，轻蔑地回击道。

我厉声喊道："我再说一遍，你们快出来！"

"怎么着，我就是不出来，你能把我怎样？"

他们玩得正欢，哪里听得进我的劝说。一个高个子趁我不备，还冲出来对我就是一拳。

其他几个孩子见状，纷纷拍手欢呼："噢，土鳖挨打了！土鳖挨打了！"

我又羞又恼，一屁股坐在地上，伤心地哭了起来。不仅仅是因为挨打，更重要的是我察觉到周围的小朋友因为我家穷，一直都瞧不起我。直到妈妈听到哭声赶过来，我才从尴尬中被解救出来。

回到家后，妈妈了解了整个事情的经过后，说："艾克（艾森豪威尔的爱称），你做得很对。遇上不正确的行为，就是要敢于制止……"

"可是，我都挨打了！"我委屈地说。

"孩子，咱们家没有胆小鬼吧！我知道，下次遇上这样的情况，你还是一样会站出来。对不对！"

"嗯，我会的！"我坚定地说道。

此后，再遇到不公平的事情时，我还是会仗义出手，打抱不平。

九岁那年，爸爸打算把我送到学校读书。他对我说："孩子，你要好好学习知识，这对你以后的人生非常重要。"那时候，我虽然不明白知识在未来能有多大作用，但还是认真地点了点头。

学校的生活非常死板单调，每天都有背不完的课文和做不完的习题。很多孩子都认为学习是个苦差事，我却对知识十分渴求，恨不得把老师所传授的每一个知识点都装进脑袋里。每当老师在课堂上孜孜不倦地诵读讲解时，我都会把腰杆儿挺得很直，身体尽量前倾，聚精会神地聆听。

上初中后，学校离家特别远，路上需要走很久。那时，我每天早晨都是边啃面包边赶路，匆匆赶往学校。有一年冬天，寒潮来得特别早，我的脚被冻伤了，肿得连鞋子都穿不进去，走路一瘸一拐的。妈妈见我这个样子，心疼地说："艾克，明天我向你们老师请假，你就在家温习功课吧！"

"不，我要去学校！"一听不让去学校，我着急了。

"孩子，我是担心你的脚。如果你继续走路，脚伤会变得更加严重的。"

"我不怕痛！"说着，我就把哥哥那双大一码的鞋子套上，背着书包上路了。

因为我的倔脾气，以及这种不可动摇的坚毅和执着，我的学习成绩在班上总是名列前茅。每次考试后，我都是拿着"A"或者"A+"的成绩单回家，总是能看到爸爸妈妈心满意足的笑容。

后来，我去了西点军校。那里的训练更加严格，考核更加苛刻。但是这一切对我来说，都没什么大不了的，因为我一直都是以高标准来要求自己的。

延伸阅读

艾森豪威尔与西点军校

艾森豪威尔进入军界完全是出于偶然。中学时期，他结识了一位朋友，这位朋友极力怂恿他报考军校。艾森豪威尔也认

为军校是公费学校，又有机会踢足球（美式足球，指的是橄榄球），于是欣然同意了。

西点军校是美国培养军事人才的摇篮，造就出不少著名将领。不过，这里也以教育严苛而闻名。西点军校的学员自入校之日起，就要不断进行严格的检验与筛选，实行残酷的淘汰制。第一学年新生淘汰率就达到了百分之二十三，最终能学完四年课程，顺利毕业的学员不会超过入学总人数的百分之七十，女生的淘汰率更高。学员经过四年学习毕业后，可以获得理科学士学位，授少尉军衔。

艾森豪威尔在西点军校学习期间表现非常优异。而且，他球艺超群，还曾是当时校足球队里最好的后卫呢！

长大了一定要当兵——戴高乐

法国人

总统、将军、政治家

出生地：里尔

生活年代：1890年—1970年

主要成就：第二次世界大战期间，创建并领导"自由法国"政府，抗击德国侵略；战后建立法兰西第五共和国，并担任第一任共和国总统

优点提炼：正义感强，有错就改

我从小就喜欢玩打仗的游戏，看那些关于战争和战斗英雄故事的书。上学以后，我对学习一点儿兴趣也没有，上课总是心不在焉。为了培养我的专注力和学习态度，妈妈曾经让我练习弹钢琴。但没过多久，她就彻底失望了。

在我十岁生日那天，爸爸带我去看罗斯丹的《小鹰》。我被这出充满爱国主义精神的戏剧迷住了。刚一回到家，我就站在椅子上，向全家人一本正经地宣布："我要考圣西尔军校！我长大了一定要当兵！"

当然，十岁的孩子只能在游戏中过一把"当兵"瘾。但我玩得比谁都投入，觉得自己就是一个真正的军人。

有一次，我和弟弟妹妹一起玩抓特务的游戏。我扮演司令官，弟弟扮演特务。弟弟送情报的时候，被扮演敌方军官的妹妹抓到了。妹妹搜遍他身上的所有口袋，也没有发现情报。

妹妹想了个办法，威胁道："如果你不把情报交给我，我就把毛毛虫放进你的衣领里。"

弟弟一听，吓得赶紧从鞋子里拿出情报，交给了妹妹。结果，这场游戏敌方获胜了。

我非常气愤，指着弟弟骂道："你这个大叛徒！你被抓住以后，就应该把情报吞到肚子里，而不是叛变投敌。"我越骂越生气，忍不住揪住弟弟的衣领，揍了他一顿。

弟弟号啕大哭着跑回家，找妈妈告状去了。过了一会儿，弟弟跑回来对我说："夏尔，妈妈让你赶紧回家。哼，你敢打我，看妈妈怎么收拾你！"

我理直气壮地回了家。妈妈的表情还跟平时一样，并没有特别生气的样子。她把事情了解清楚之后，说："夏尔，你惩治叛徒是对的。

不过，打弟弟就不对了，毕竟那只是个游戏。"

我不服气地说："当兵就要勇敢。对叛徒就要严惩，决不能手软。"妈妈没再和我争辩。

几天后，一个小伙伴哭哭啼啼地跑来找我。原来，他和别人打赌输了，想要赖，对方不干，还打了他几下。他觉得很委屈，就跑到我这里搬救兵来了。因为他知道，我对待朋友很仗义。

果不其然，我听了以后，马上大吼一声："走，找他们算账去！"还顺手抄起了一把大斧子。

妈妈闻声跑过来，大喊一声："夏尔，你站住！"

我说："妈妈，有人竟敢欺负我的朋友。这事我不能不管！"

妈妈没有理我。她把我的小伙伴叫进屋，一边给他擦眼泪，一边安慰道："还疼吗？要不要吃点儿药？"

"有点儿疼。"小伙伴小声说。

我鄙夷地看了小伙伴一眼，说："瞧你那懦夫样儿！男子汉，疼也不能哭鼻子！报仇才是重要的！"

妈妈转过身，拍了拍我的肩膀，称赞地说："看，我儿子多仗义！见到朋友受欺负就能挺身而出，真是一个勇敢的男子汉！"

我听了妈妈的夸奖，高兴地拉着小伙伴的手说："好了，别哭了。咱们这就去把他们打得落花流水！"

"等等！"妈妈拦住我，说，"孩子，把你爸爸的猎枪拿来！"

"猎枪?要猎枪干什么?"我不解地问。

"妈妈和你们一起去!今天不仅要给你的朋友报仇,还要把原先所有欺负过你的人,比如镇上的那个屠户、那个理发师,还有那个惩罚过你的体育老师,通通干掉!"妈妈大声说道。

"啊?妈妈,你疯啦?这怎么可以呢,那是要闯大祸的!"我急坏了,赶紧劝妈妈。

"不,我没有疯!你这么勇敢,妈妈怎么能懦弱呢?我不能给你丢脸啊!"妈妈语气坚定地说。

"妈妈,你这样不行。跟我有矛盾的人很多,那得杀死多少人啊?而且即使今天杀了他们,以后再有人得罪我,那怎么办?"我焦急地劝着妈妈。

妈妈松了一口气，笑着说："哎呀，瞧我，真是糊涂了，怎么就没想到这些呢？儿子，难道这不正是你所认为的勇敢吗？"

我猛然醒悟了。妈妈一向理智，今天处理问题怎么会这么冲动呢？原来她故意这样做，是让我有所警醒啊！

"妈妈，我明白您的意思了。我错了。"我扔下斧子，不好意思地低下了头。

"好孩子，这才对啊！勇敢固然是可贵的，但比勇敢更可贵的是理智。在理智基础上的勇敢，才是真正的勇敢。"

听了妈妈的一席话，我仿佛一下子长大了。是啊，缺乏理性的勇敢就是蛮干，它甚至比懦弱还要可怕！

妈妈见我想通了，又进一步劝道："你不是说长大了要考圣西尔军校，当一名军人吗？可整天这么淘气贪玩，不好好学习，你觉得你的理想能实现吗？"

我点点头，说："妈妈，我知道该怎么做了。"

从那以后，我像变了个人似的，脾气不急躁了，开始用功学习了。十九岁那年，我真的拿到了圣西尔军校的录取通知书，开始了向往已久的军旅生涯。

延伸阅读

做好一个孩子的父亲

戴高乐的夫人怀孕时不幸遭遇车祸，在治疗过程中服用了大量药物。但是由于药物有强大的副作用，女儿小安娜一生下来就是一个弱智孩子。

当时的社会舆论很大，甚至有传言戴高乐夫妇将会丢弃这个孩子。但戴高乐夫妇坚决地表示，他们非常心疼小安娜，哪怕放弃自己所有的地位和金钱，也要让安娜享受一个正常孩子的欢乐。他们节衣缩食购买了一处环境优美又很安静的住宅，使安娜既可以避开人们异样的目光，又可以安心地跟父母相处在一起，从心理上感觉自己就是一个和别人一样的孩子。

随着小安娜逐渐长大，戴高乐每天都会拉着女儿的手静静地散步，一有空就陪女儿听音乐。工作累了，他也会用给女儿表演哑剧的办法来放松心情，因为这样他可以享受到一种叫作天伦之乐的幸福。戴高乐陪伴女儿，从来没有急躁和厌烦过。即使在"二战"流亡期间，他也把安娜带在自己身边，以神圣的父爱抚平女儿心灵的创伤。

安娜是不幸的，因为她一生下来就是一个弱智的孩子；安娜又是幸运的,因为她有一个叫作戴高乐的父亲。戴高乐曾经说过:"要做好一个国家的总统,首先得做好一个孩子的父亲。"

模范老爸

无所畏惧的小硬汉
——海明威

记者、作家

美国人

出生地：伊利诺伊州芝加哥市

生活年代：1899年—1961年

主要成就："新闻体"小说的创始人；1954年获得诺贝尔文学奖；代表作品有《太阳照样升起》《永别了，武器》《丧钟为谁而鸣》《老人与海》

优点提炼：意志坚强，英勇无畏

也许是受到爸爸的遗传，我从小就特别有男子汉气概。

有一次，妈妈叫着我的乳名，问道："欧尼（欧内斯特的昵称），你最怕的是什么？"

当时我正在玩一支旧式步枪。听到这话,我把枪扛在肩上,一边雄赳赳、气昂昂地在屋里走来走去,一边大声喊道:"我什么也不怕!什么也不怕!"

妈妈想把我培养成音乐家,可我对唱歌、大提琴一点儿兴趣也没有。我宁愿跟着爸爸到野外去钓鱼、打猎、游泳、野炊、划船、露营,也不愿意待在舒适的房子里追求什么高雅的艺术。这让妈妈伤心不已,她经常为了我的教育问题和爸爸吵架。面对这样的争吵,我永远保持"中立主义",但内心肯定是支持爸爸的。

刚上中学的时候,我虽然喜欢打篮球,却因为个子矮,只好选择加入了学校的田径队。在一年一度的越野赛跑中,有四十六人参加比赛,我跑了倒数第三。有的同学上前安慰我,我却说:"我很高兴!因为我跑完了全程,并且不是最后一个。"虽然嘴上这么说,但我心里暗暗发誓,一定要顽强锻炼,成为一名田径高手。等到了十五岁,我的身高就像春天的竹笋一样,一个劲儿地往上蹿。我不仅在田径队当上了队长,在篮球队做了主管,而且还成了水球队、射击队的主力。

我最喜爱的体育运动是拳击。一开始时,我兴冲冲地报名参加了一个拳击训练班。在上第一堂课的时候,教练给我安排的陪练对手是个优秀的职业拳击手。他知道我是个新手,便故意让着我。可我根本不领情,拼劲十足,出手凶猛,大有初生牛犊不怕虎的气势。

对手让了我几招儿之后,渐渐被激怒了。他抓住一个机会,连续

几记重拳击出。终于，我的鼻子上挨了重重的一击，血糊了一脸，人重重地摔倒在地上。

一个队友把我扶起来，关切地问："你怎么跟他真打呀？他会要了你的命的。"

我摇摇晃晃地站起来，一边擦着脸上的血渍一边说："不真打怎么能学到真功夫呢？"

第二天，我的鼻子上贴了块纱布，眼睛底下一片青肿，却再次出现在训练场上。结果不久，我的右眼又挨了重重一拳。医生检查后，说可能会影响视力。但我还是每天坚持训练。在名师的指点和自己的刻苦努力下，我的拳击技艺不断提高。几个月后，我到芝加哥参加拳击比赛，取得了非常不错的成绩。

中学毕业后，我本来可以上大学，但我不愿意去。因为当时第一次世界大战已经爆发，美国正在全国范围内招兵呢。我想去当兵。谁知我兴冲冲地跑去报名，却因为年纪不满十八岁被刷了下来。

我没有灰心，通过一位亲友的介绍，到堪萨斯城的明星报社当了一名见习记者。在这个岗位上，我精力充沛，几乎每天都去车站、医院、警察局、法院采访。我还常常凭借记者身份坐在救护车、警车和消防车上，赶往犯罪和灾祸发生的现场，就像一名真正的战士一样。

当时，《明星报》正在揭露市政当局的贪污腐败问题。我主动要求去收集证据，好在报纸上给他们曝光。我先到各大医院进行调查，发现治病用的X光设备、抗菌药剂都远远不够用。为了查出是谁贪污了用于购买这些设备和药品的钱，有一天我乔装改扮成送文件的人，准备混入市政府。

"站住，你是干什么的？"门口警卫大声喝道。

"送文件的。"我从容镇定地回答。

"送到哪个部门？"

"民政部。"因为早就打探清楚了，我对答如流。

警卫上下打量了我一番，见我的打扮确实像一名公务员，就放我进去了。

一进大楼，我就直奔民政部部长的办公室。我一点儿也不担心在办公室里会碰上部长，因为我已经知道他和他的秘书一起外出开会了。

我用事先配好的钥匙打开门，进入屋内，以最快的速度找到所需的资料，拍下照片，再小心地把资料放回原处，然后非常自然地走出了市政府大门。

我匆匆忙忙地往报社赶，却突然发现前面路上躺着一个人。走到近前我才知道，这是一个因出天花发高烧倒地的病人。周围的人害怕传染，都纷纷躲开了。

我在一岁多的时候种过牛痘，有免疫力，所以不怕传染。我上前把病人搀扶起来，背在肩上，把他送到了医院……

当时脑膜炎、天花等疾病正在流行，而那些官僚政客们却丧尽天良，不顾人民的死活，大笔大笔地贪污受贿，这种行为与抢劫、杀人有什么区别呢？这件事更加激起了我心中的怒气，于是连夜加班写了一篇稿子。

第二天，《明星报》便大篇幅详细揭露了那些官僚政客们的犯罪事实。不久之后，那些贪污腐败的家伙都得到了应有的惩罚。

虽然记者的生活让我感到新鲜、兴奋，但我始终没有放弃参军的努力。七个月后，我满了十八岁，终于如愿以偿地穿上了军装，奔赴欧洲战场……

延伸阅读

站着写与坐着改

写作是海明威每天早上起床的第一件事。他写作时,有一个独特的习惯,就是站着写。

有一次,有位记者问他:"您的写作风格以简洁著称,请问您的秘诀是什么?"

站、站、站不住了!

海明威回答:"站着写,而且用一只脚站着。"

记者不解地问道:"我想不明白是什么原因。站着不是太辛苦了吗?"

海明威答道:"是的,坐着当然舒服,但文章一写就长;站着容易累,逼着我尽可能写得简短些……等到最后校阅的时候,我就坐在安乐椅上。那时候多么舒服,它容我勾去一切在我看来是多余的东西。"

后来,他总结自己从事文学创作的经验,提出了著名的"冰山原则",即文学创作应该像冰山一样,"露出水面的是八分之一,有八分之七在水面以下"。

换句话说,就是写文章要做到言简意赅,让人回味无穷。

绝不向命运低头
——奥斯特洛夫斯基

出生地：乌克兰维里亚村

生活年代：1904年—1936年

主要成就：用自己的战斗经历作素材，创作完成长篇小说《钢铁是怎样炼成的》；与病魔搏斗所体现出的勇敢精神，成为全人类顽强抗争的榜样

优点提炼：疾恶如仇，敢于反抗压迫

军人、作家

苏联人

小时候，我的家里很穷。爸爸是个酿酒工人，两个姐姐和哥哥在外面做童工。妈妈给地主家当用人，天天累得腰都直不起来，每月才挣五个卢布。即使这样，地主还常常拖欠工钱不给。我是家里最小的孩子，上了三年学就上不起了，只好在家帮助妈妈做些家务活儿，没

事的时候就到外面和村里的小伙伴一起玩耍。

我八岁那年的一天，妈妈又有几个月没有领到工钱了。两个姐姐见家里实在揭不开锅了，就一起到地主家里去讨要工钱。过了一会儿，她俩呜呜地哭着回来了。

妈妈忙问是怎么回事。姐姐抽泣着说，她们到了地主家里，不管怎么哀求，地主就是不给工钱，还让管家把她们打出来了。妈妈听了，唉声叹气，一点儿办法也没有。

我在旁边听到姐姐的哭诉，气得小拳头攥得紧紧的，恨不得把地主狠揍一顿。可是我知道，自己是个小孩子，打是打不过的。怎么才能教训教训这个狠心的地主老财呢？想着想着，我想出了一个主意。

我悄悄走出家门，把小伙伴们召集到一起，在村头的大树下开了一个会。我把家里的遭遇一说，小伙伴们都很气愤，叽叽喳喳地吵个不停。

"这个地主也欠我家好几个月的工钱呢！"

"上次我从他家门口走过，他放大黑狗咬我，幸亏我跑得快！"

"他家那个小狗崽子也爱欺负人，前几天还打了我妹妹一顿呢！"

……

我把手一挥，大声说："都别吵了！"

人家安静下来，齐刷刷地看着我。我说："光吵吵有什么用？这样他就不拖欠你们家的工钱啦？这样他就不放狗咬你啦？这样他就不欺负你妹妹啦？"

听我这么一说，他们都低下了头。一会儿，一个男孩抬起头，问我："你有办法吗？咱们找机会收拾他们一下，报仇雪恨。"

我说："办法倒是有一个，就是不知道你们敢不敢做。"

大家争先恐后地说："我们敢！你说，有什么办法？"

我用低低的声音把计划说了一遍，大伙儿都表示同意。当天晚上，我早早就上床睡觉了。等到半夜，我又悄悄地爬起来，衣袋里装满小石头，来到大树底下。等了一会儿，小伙伴们陆续都来了，每个人的衣袋都是鼓鼓囊囊的。

我们来到地主家的院子外面，隔着木栅栏看到账房里黑漆漆的，

一点儿动静也没有。我观察了一会儿，觉得机会来了，就做了一个"开始"的手势。我们掏出衣袋里的石头，瞄准账房的玻璃窗，一起用力砸过去。石头像冰雹一样落到窗户上，只听噼里啪啦一阵乱响，窗户上的玻璃全碎了。

这时，院子里乱了起来，传来一阵喊声、脚步声和狗叫声。我们一看有人来了，都按照预定计划四散跑开了。

第二天，我又把大伙儿召集到大树下，特别交代谁也不能把这个秘密告诉别人，更不能出卖朋友。过了几天，地主找不到线索，这事也就不了了之了。

过了几年，家乡发生战争，我们全家逃到一座小镇住下。为了贴补家用，妈妈替我找了一份工作，在一个车站的食堂里当伙计。我每天干差不多十五小时的活儿，还经常挨打受骂。在这段时间，我喜欢上了读书，经常借书看。有时工作一整夜，累得筋疲力尽，回家以后还要抱着书不撒手。

有一次，我读到一本法国人写的小说。小说里有一个伯爵，整天闲得无事可干，就拿仆人开心，不是打就是骂。我越读越生气，恨那个伯爵仗势欺人，于是不照着书上念，索性把内容改成相反的情景，并且念给妈妈听："……这时那仆人回过身来，照准伯爵的脸就是一拳，接着又打了一拳……"

听到这里，妈妈打断我的话，喊了起来："等一下，等一下。没有这样的事！哪里见过仆人敢打伯爵的脸？我不相信！"

我涨红了脸，气鼓鼓地说："这个该死的坏蛋，就该这样对付他，看他以后还敢再打做工的人！"

食堂的老板和那些有权力的领班，跟那个伯爵一样，经常欺负我们这些穷孩子。一天，我已经到了下班回家的时候，可接班的那个小伙子没来，老板就要我留下继续工作二十四小时。到了深夜，人们都休息之后，我还要灌满几铜锅水，并把水烧开，等凌晨三点钟的那班火车。我把水龙头拧开，可是没有水流出来，显然是水塔坏了。我就让水龙头开着，自己倒在柴堆上休息。因为实在是太累了，我一会儿就呼呼地睡着了。哪知道几分钟后水龙头咕嘟咕嘟地流出水来，灌满铜锅后，又流到地上，并从门底下流到食堂。领班发现水流遍地，冲进来一看我在睡觉，拳头像雨点一样落到我的头上……

在我十四岁的时候，伟大的十月革命爆发，我看到了穷人的希望，毅然参加了红军。

延伸阅读

"钢铁"是这样炼成的

1930年春天,奥斯特洛夫斯基开始创作长篇小说《钢铁是怎样炼成的》。可是那时,他的身体因为伤病已经很糟了。医生建议他必须停止工作,好好卧床休息。但是奥斯特洛夫斯基却不甘心听任命运的摆布,硬是向死神发出了挑战。

由于病情恶化，他只能仰卧在床上，基本动弹不得，眼睛也看不见，只有手腕能活动，写字很吃力，也很慢。于是，他躺在床上先构思整部书的轮廓，并把每章每节想好，再通过口授，请妻子为他记录。时间长了，这也不是个办法，一旦妻子不在就写不了了。于是他让人用硬纸板做了一个框子，在上面刻成一个个方格，再把稿纸放在下面，然后用手摸着框子自己写。夜深了，只有他房间里还传出沙沙的写字声。他不需要光，只要有大脑和手就够了。他不停地写下去，写好一页就用僵硬的左手颤颤巍巍地抽出一页。为了避免一行字写到另一行里，他的铅笔从来不离开纸面。每天清晨，当妻子醒来，都会发现写好的稿纸已散落一地。她赶忙帮丈夫拾起来整理好。

妻子有天发现，睡着的奥斯特洛夫斯基嘴唇上有一层淡淡的血痕。显然，这是为了抵抗病痛的折磨，忍痛写作而咬出来的。

最后，奥斯特洛夫斯基终于完成了巨著《钢铁是怎样炼成的》。

用勇气和真诚征服别人
——希拉里·克林顿

律师、政治家

美国人

出生地：伊利诺伊州芝加哥市

生活年代：1947年至今

主要成就：当选奥巴马总统的国务卿，出任纽约州国会参议员；参加2016年美国总统大选

优点提炼：具有坚强的意志和卓越的领导力

我的故事始于第二次世界大战之后，当时爸爸和其他男人一样，为国效力后返回家乡，担起养家糊口的责任。1947年10月26日，我在美国芝加哥出生。爸爸经营小生意。妈妈是一位家庭主妇，她的生

活就是围绕着我和两个弟弟打转。

在这样一个中产阶级家庭成长，我的童年生活充满了欢乐。那时候，妈妈虽然很忙，但她总是会抽出时间陪我们姐弟三人。至今，我的脑海中还保留着很多儿时生活的幸福片段。

天气晴朗的时候，我们在庭院里打球，累了就躺在草地上，望着湛蓝的天空上白云飘过，任身上的汗水被微风吹干。妈妈负责全家人的生活起居，经常要去街上采购，这时，她也会带上我们。每到冬天，芝加哥总是白雪皑皑，我们坐在雪橇上，一路欢呼着去市中心。

妈妈还会和我们一同做手工。记得有一年夏天，她帮我在一个大纸箱里堆砌出一个梦幻王国。我们还会玩一些如扑克牌、大富翁棋和填字的益智小游戏……在我的小世界里，妈妈扮演着很多角色。也正是和她的朝夕相处，塑造了我的性格。

四岁之后，我们家搬到芝加哥郊区的帕克里奇。初来乍到，我对周围的一切都感到新奇，也很希望交到一些新朋友。

但这里的小孩儿并没有我想象中那么友好。我出门玩耍的时候，他们常常嘲笑或欺负我，甚至大一点儿的小孩儿还会直接将我推倒在地。每次面对这样的情况，我就会哭着回家，不敢再出门。

妈妈知道了这件事情后，刚开始不闻不问，默默地观察了几周。有一天，我又哭着跑回家了。刚到门口，妈妈就拦住了我的去路。她大声地对我说："宝贝儿，勇敢一点儿，回去面对他们。我们家容不下一个胆小鬼！"

"妈咪，他们是坏孩子。您不是教我不要和坏孩子一起玩的吗？"我努力给自己找借口。

这时候，妈妈态度温和下来，对我说："你都没和他们深入接触，怎么就知道他们是坏孩子呢？"

"可是……我……"

最后，我实在找不到理由，只好擦干眼泪硬着头皮走出家门。

当我再次出现在那帮"坏孩子"面前的时候，他们都大吃一惊。他们惊讶且奇怪我为什么这么快又回来了。

"呀，爱哭鬼又回来干什么？"一个孩子又开始挑衅。

"我不是爱哭鬼！"我坚定地回答。

"你不是，那你觉得自己是什么？"

"我是乐于交朋友的希拉里。我希望和你们成为朋友！"我向他们表达自己内心最真实的愿望。

其实小孩子的世界很单纯，他们见我说得这么真诚，慢慢转变了态度。渐渐地，有小朋友愿意搭理我了。后来，他们大多都成了我亲密的朋友。

我用自己的勇气收获了友谊，也用自己的领导力赢得了更多同伴的信任和拥护。

上小学的时候，班上的男同学很调皮，在我看来，简直是到了无法无天的地步。每次老师离开教室，都会请我或另一位女同学维护班上的纪律。可经常是老师前脚刚出门，男同学们就乱哄哄闹成了一片。他们有的在教室里追赶打闹，有的欺负坐在旁边的女同学。每次遇到女孩子被弄哭，他们便在一旁拍手叫好，真是可恶至极！见此情景，我都会站出来帮女同学出气。因此，班上的男孩见了我就叫我"假小子"！

其实拥有这个绰号也没什么不好。我经常伸张正义，因此积攒下了很旺的人气和很高的声望。有段时间，学校很流行选举纠察队队长，这可算是学校的一件大事了。我也兴冲冲地去参加了竞选。最后我不负众望，成功地获得了这个头衔！在后来的学校生活中，我总是忠于职守，立志要做一个让自己满意、同学满意、老师满意的好队长。

有一次，班上的同学芭芭拉邀我去她家吃午饭。到了她家，芭芭拉的妈妈正忙着打扫卫生，就让芭芭拉和我自己动手做花生酱三明治吃。

我们在厨房里忙活了大半天，匆匆吃完立马准备回学校上课。芭芭拉的妈妈见状，热情挽留说："希拉里，平时很少见你，这次来就多坐一会儿，休息一下再走吧？"我感到有些盛情难却。

"妈妈，您是不知道，希拉里是学校纠察队队长，必须赶在其他同学之前到校。她可是从没有一次比其他同学晚到！"芭芭拉急忙替我解释道。

"噢，早知如此，我就该早点儿帮你们准备一顿像样的午餐。"芭芭拉的妈妈抱歉地说。

"阿姨，您不必感到遗憾，我只是想做到尽善尽美。下次我再来探望您……"我礼貌地和她道别。

芭芭拉的妈妈看着我，脸上堆满了笑容说："希拉里，你是我见过的最有责任心、最棒的小姑娘。你一定会有好运的！"

听了她的称赞，我心里乐开了花儿。我的努力能得到别人的认可，总是一件值得高兴的事！

延伸阅读

最具权势的夫妇

《福克斯》杂志发布2012年全球最具权势的十五对眷侣，美国国务卿希拉里和她的丈夫威廉·杰斐逊·克林顿（美国第四十二任、第五十二届总统）荣登榜首。除此之外，希拉里本人还被评为全球第二位有权势的女性。

我才是第一！

人们对希拉里褒贬不一。有人认为她勇敢、果断、充满智慧，有人则觉得她世故、精明，善于耍弄政治伎俩。但不管怎么说，她都是世界一流的女政治家。即使是作为美国前总统的妻子，希拉里在丈夫任职期间，也是将第一夫人的角色扮演得非常成功，帮助丈夫渡过了一个个难关。

有一次，希拉里在一个加油站里和工作人员聊天儿时，工作人员非常羡慕地说："希拉里女士，你运气太好了，嫁给了一位美国总统。"

希拉里微笑着摇摇头，说："不，事情可不是这样的。如果当初我嫁给你，你也可能成为美国总统。"

希拉里的回答并不完全是开玩笑，正是她卓越的领导能力和非凡的自信成就了自己，也支持到她的丈夫，让他们双双在美国政坛上大展拳脚，成为举世瞩目的政治明星。